KB028855

3초의 비밀!

카드뉴스
마케팅

성과를 내는 1페이지의 마법으로 나를 브랜딩하라

3초의 비밀! 카드뉴스 마케팅

초판 1쇄 인쇄 2023년 1월 18일
초판 1쇄 발행 2023년 1월 26일

지은이 설미리

발행인 백유미 조영석

발행처 (주)라온아시아
주소 서울특별시 서초구 효령로 34길 4, 프린스효령빌딩 5F

등록 2016년 7월 5일 제 2016-000141호
전화 070-7600-8230   **팩스** 070-4754-2473

값 21,000원
ISBN 979-11-6958-023-6 (13320)

※ 라온북은 (주)라온아시아의 퍼스널 브랜드입니다.
※ 이 책은 저작권법에 따라 보호받는 저작물이므로 무단전재 및 복제를 금합니다.
※ 잘못된 책은 구입하신 서점에서 바꾸어 드립니다.

라온북은 독자 여러분의 소중한 원고를 기다리고 있습니다. (raonbook@raonasia.co.kr)

성과를 내는 1페이지의 마법으로 나를 브랜딩하라

3초의 비밀!
카드뉴스 마케팅

설미리 지음

고객과 소통하는
15가지 마케팅 전략

유저의 시선을
사로잡아야
돈이 보인다!

팔리는 마케팅과
퍼스널 마케팅의
비법

누구나 따라하는
카드뉴스 제작
1·2·3

RAON
BOOK

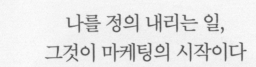

나를 정의 내리는 일,
그것이 마케팅의 시작이다

2022년 무더운 여름으로 접어들던 어느 날.

새벽독서 커뮤니티를 운영하는 지인으로부터 메시지 한 통을 받았다. "설미리는 책 쓸거죠?", "네, 계획은 있는데 제가 형편이 조금 나아지면 할 수 있을 것 같아요", "맞아요. 그리고 비즈니스 할 사람에게는 타이밍이라는게 중요하잖아요", "네, 저도 공감해요", "설미리는 큰 사람이에요. 나는 알아요. 웬만한 남자보다 나아요" 이렇게 시작된 대화는 〈날 찐친으로 여긴다는 걸 깨닫게 하는 행님!〉이라는 카드뉴스로 나의 인스타그램에 공개되었다.

이 카드뉴스를 9만 8천여 명이 봤고 156명이 저장을 했다는 사실에 나는 놀랄 수밖에 없었다. 뭐든 하나를 하더라도 완벽하게 하려는 나의 성격을 뒤로 하고 무심코 가볍게 올린 카드뉴스 몇 장을 그렇게 많은 사람들이 보고 저장을 하리라고는 예상하지 못했기 때문이다. 정말 간단히 몇 글자 적은 카드뉴스 한 장과 채팅 메신저로 나눈 대화를 캡처해서 올렸을 뿐 일상의 평범한 대화라고 여겼는데 사람들에게는 그게 아니었던 것 같다.

분명한 것은 내가 만든 카드뉴스가 사람들의 시선을 사로잡았고 호기심을 자극하는 한 가지 메시지에 사람들은 반응했다는 것이다. 그리고 그것은 그렇게 어려운 일이 아님을 인스타그램 속 데이터가 증명해주었다.

내가 이 책을 세상에 내놓고자 하는 마음도 시작은 그러했다.

나는 카드뉴스 마케팅을 평생의 업으로 삼아 9년 넘게 몸담아 왔기에 지금은 나에게 어려운 일이 아니다. 출근길에 커피 한 잔 테이크아웃을 하는 아주 자연스러운 일이지만, 모든 사람들이 그렇진 않을 것이다. 대부분 카드뉴스 마케팅을 어떻게 시작해야 하는지 정석대로 배운 적이 없기 때문이다. 그런데 배운 적은 없어도 온라인상에서 카드뉴스 마케팅이 반드시 필수적이라고 직감하는 사람들은 많다. 특히 인스타그램을 하건, 블로그를 하건 그 안에 들어갈 꽂히는 한마디의 콘텐츠가 절실하기 때문이다.

나는 마케터라는 직업을 가지기 전부터 카드뉴스 마케팅에 집중했다. 여러 시행착오를 겪었고 덕분에 나의 성공 자산이 되었다. 이 책을 읽고 있는 독자 여러분에게 나의 노하우를 나누고자 한다.

더불어 마케팅을 아는 것과 할 줄 아는 것은 엄연히 다른 문제다. 마케팅을 잘하는 사람 중에는 타고난 재능이 있다고 생각하는 사람들도 있다. 물론 재능도 중요하지만 가장 중요한 것은 '왜'라고 하는 물음에 즉각 답을 할 수 있어야 한다는 점이다.

'왜 이 일을 하는가', '내가 이 일을 통해 얻고자 하는 것은 무엇인가'라는 질문에 즉각 답을 할 수 있는 사람이 몇이나 될까! 이 질문에 답을 할 줄 아는 사람은 무엇을 하더라도 끝까지 이루어 내는 신념이 있는 사람일 확률이 높다. 왜냐하면 마케팅은 단번에 성과가 나는 분야가 아니기에 내가 이 일을 하는 이유를 스스로 정의 내릴 수 있어야 하기 때문이다. 자신을 정의 내릴 줄 아는 사람만이 자신의 브랜드를 만들 수 있고 꾸준할 수 있으며, 사람들에게 영향력을 펼칠 수 있는 사람이 될 수 있기 때문이다.

이제 이 책을 통해 나와 함께 카드뉴스 마케팅에 대해 배우고 꾸준히 애써본다면 자신을 더 당당하게, 자신의 상품을 더 힘있게 마케팅할 수 있게 될 것이다. 나는 확신한다! 그리고 믿는다! 여러분의 성공을!

2023년 1월

설미리

차 례

유저의 시간과 관심을 집중시키는 카드뉴스 마케팅의 정석 | 1장

고객과 소통하는 카드뉴스 마케팅 전략 15

2장

카드뉴스 마케팅과
퍼스널 브랜딩으로 수익 실현하기 | 3장

성공적인 매출을 가져오는 카드뉴스 제작 실전

4장

유저의 시간과
관심을 집중시키는
카드뉴스 마케팅의 정석

메시지의 유통과 전파가
쉬워야 한다

퍼스널 브랜드 파워의 핵심은 영향력이다

온라인 세상에서 자신의 제품이나 서비스를 판매해 수익을 높이려면 강력한 퍼스널 브랜드 파워가 필요하다. 하지만 매출이 줄어들거나 오르지 않는 자영업자, 1인 기업 대표들이 하나같이 하는 말이 있다. "홍보하면 홍보 글이 삭제되고 아이디도 잘리고, 광고대행사 쓸 돈은 없지, 나를 알리는 것은 더 어려우니, 너무 힘들고 막막하네요!"라는 것이다.

먼저 정확히 알아야 할 것은, 퍼스널 브랜드 파워를 가지려면 회사나 가게명 또는 당신의 이름을 알리는 것이 먼저가 아니라는 점이다. 자신이 시장에 미칠 영향력을 키우는 것이 더욱 중요하다. 왜냐하면 시장에 미치는 영향력이 크면 클수록 더욱 많은 잠재고객을 확보할 수 있고, 이는 매출이 커지도록 하는 동력으로 작용하기 때문이다. 그러므로 삼성을 떠올리면 이재용 회장을, 아이폰의 애플이라고 하면 스티브 잡스를 떠올리게 되듯이 당신의 회사나 제품을 말했을 때 당신이 생각나도록 해야 한다.

그렇다면 사람들이 당신의 브랜드를 기억하도록 만들려면 어떻게 해야 할까? 우선 당신이 어떤 이미지로 보이고 싶은지를 정해야 한다. 그리고 이를 위해 가장 쉽고 효과적인 방법이 바로 '브랜드 스토리'를 전달하는 것이다. 사람들의 마음을 여는 스토리는 기분을 좋게 해주기도 하고, 공감대를 넓히고 친근감을 느끼게 하며, 어느새 고객과 나와의 거리를 조금씩 좁혀준다. 이렇게 점차 좁혀진 거리는 고객이 내 제품과 서비스에 관심을 두게 만들고, 결과적으로 고객의 지갑을 열게 한다.

"신고 빨았던 양말도 교환해 드립니다"

나는 9년 전 스타트업 마케팅 회사에서 만난 동료 A의 말을 아직도 생생히 기억한다. A는 이 회사에 입사하기 전 자신이 지하상가 가판대에서 양말 장사를 했고, 하루 매출을 300만 원까지 올린 적도 있다고 말했다. 당시 A가 지나가는 고객에게조차 빼놓지 않고 무조건 했던 말은 바로 "신고 빨았던 양말도 교환해 드립니다"였다.

그 말을 들은 고객은 두 가지 부류로 나뉘었다고 한다. 하나는 별다른 대꾸 없이 그런가 보다 하는 유형 그리고 다른 하나는 "에

이, 신고 빨았던 양말을 진짜 교환해줘요? 양말 하나 팔려고 하는 말이 아니고?"였다고 한다. 나는 그 두 부류 중 후자의 유형으로 반응했던 사람들의 후일담이 궁금했다. 어느 날 A에게 "진짜 신고 빨았던 양말을 교환하러 온 사람이 있었어?"라고 묻자, A의 대답은 예상외였다.

"양말 장사를 하는 1년 동안 딱 한 사람, 유일하게 한 사람만 교환하러 왔었지."

실제 신던 양말을 새 양말로 바꾸러 온 사람은 1%도 되지 않았지만, 그럼에도 양말 장사는 "신고 빨았던 양말도 교환해 드립니다"라는 그 한마디 장담으로 하루 300만 원 이상의 매출을 올릴 수 있었던 것이다. 이 강력한 메시지가 고객에게는 상당히 쉽게 와닿고, 강한 신뢰와 확신을 주었을 것이다. 또 양말 한 켤레 살 것을 열 켤레까지 사게 만드는 것도 지나가던 고객의 마음을 사로잡은 이 한마디 메시지에 남다른 서비스가 담겨 있어서일 것이다. 사소한 메시지 하나라도 고객이 듣고 조금이라도 더 만족할 수 있게 하는 방법! 바로 '쉽게 고객의 귀에 꽂히는 한마디'이다.

스토리가 연상되는 메시지

나 또한 누군가에게 말 한마디를 하더라도, 쉽게 메시지를 전달하기 위해 여러 가지 방법을 생각한다. 특히 매출과 이어지는 퍼스널 브랜드 파워를 장착하기 위해서는 먼저 내가 누구인지 알려야 한다. 하지만 사실상 고객은 나에게 관심을 두려 하지 않는다. 그렇다면 나를 알리기 위해 고객의 관심을 집중시킬 방법을 찾아야 한다. 나는 그 방법으로 '스토리를 기대하게 만드는 메시지'에 주목했다.

나는 몇 달 전부터 종이책 출간을 위해 원고를 쓰고 있다. 이 과정을 홍보해 내가 누구인지, 어떤 사람인지 알리고 싶었다. 그러나 단지 '나 책 쓰고 있어요'라는 단순한 메시지보다 조금 더 쉽고 특별하게 사람들에게 다가갈 수 있는 방법이 없을지 고민하게 됐다. 그리고 '쉽다', '간단하다'라는 의미를 담으면서 사람들이 익숙하게 받아들일 수 있는 단어로 어떤 것이 있을지 고민하던 끝에 '밀키트'를 떠올리게 됐다. 그래서 즉각 원고를 작성하고 있는 노트북 화면을 스마트폰 카메라로 찍어 '설 대표의 마케팅 밀키트 제작 중'이라는 메시지를 담아 카드뉴스를 제작해 인스타그램에 홍보했다.

사실 나도 이 카드뉴스를 올리고 나서 이렇게 큰 파장이 있을 것이라고는 상상하지 못했다. 그런데 카드뉴스를 올린 다음 날 한 통의 전화를 받았다. 놀랍게도 세일즈 업계의 유명인사이자 업계 최고 직급자로 왕성한 활동을 하고 있으며, 월 소득 1억 원이 넘는 분이었다. 1년 전 지인의 소개로 이분을 알게 되었는데, 당시 나의 집안 사정으로 지속적인 비즈니스 미팅을 갖지 못해 아쉬움을 남긴 채 지내오던 차였다. 그런데 그분이 나의 '마케팅 밀키트 제작 중' 카드뉴스를 보고 연락을 해온 것이다.

그분은 인스타그램의 카드뉴스를 보고 반가운 마음에 연락했다면서 나에게 요즘 무슨 사업을 진행 중인지 물었다. 그러면서 본인이 하고 있는 비즈니스에 새로 합류해보지 않겠느냐고 제안했다. 단지 어떻게 하면 상대방이 나의 메시지를 좀 더 쉽게 인지하도록 전달할 수 있을까 하는 사소한 고민에서 시도한 메시지였지만, 그 덕분에 업계 최고의 전문가로부터 비즈니스 제안을 받게 된 것이다.

울림을 주는 메시지가 오래 남는다

사람들은 명언이나 어록에 감명받고 또 동기를 부여받기도 한다. 그만큼 그 문장이 내포하는 의미가 크기 때문일 것이다. 또한 사람들은 그런 콘텐츠를 저장하고 공유하며, 마음에 들면 댓글로 공감의 표현을 주고받기까지 한다. 왜 사람들은 이렇게 간단하면서도 쉬운 메시지의 콘텐츠를 유통하고 다른 이들에게 전파하려고 하는 것일까? 그 이유는 아마도 자신에게 도움이 될 콘텐츠라고 여겨서일 것이다. 광고나 홍보로 인식하기보다는, 자기 삶에 도움이 되는 가치로 받아들인다는 뜻이다.

메시지는 이렇듯 간략하고 쉬우면서도 사람들에게 울림을 주는 것이어야 한다. 그래야 쉽게 유통되며 널리 퍼져나갈 수 있다. 때로는 하나의 콘텐츠가 2배, 4배, 16배, 256배⋯와 같이 제곱의 가치를 만들어내는 일도 가능해진다. 그러므로 쉽게 유통되고 빠르게 전파될 수 있는, 많은 이들에게 공감을 불러일으키는 스토리로 울림을 주는 메시지를 잘 가려내 만들어야 한다. 그 메시지가 잠재고객을 불러올 뿐 아니라, 많은 사람들이 나를 찾아오게 하는 혜택으로 돌아올 것이다.

시선을 사로잡고, 관심을 집중시켜라

"똥폼 잡지 말고, 그래서 뭐부터 시작할 거예요?"

나는 늘 진지한 자세로 완벽을 추구하는 성향을 갖고 살아왔다. 대학 시절 중간고사를 대체하는 리포트를 작성할 때, 이해가 가지 않으면 인터넷 검색을 해가며 100페이지 넘게 찾아보고, 중복되는 키워드들을 정리하며 이해가 될 때까지 반복해서 붙잡고 읽었다. 늘 진지하고 완벽해야 된다는 생각에, 남들이 2~3번 만에 끝내는 것도 나는 5배는 더 시간을 썼던 것 같다. 하지만 성적은 그런 내 노력에 비례하지 않아서, A$^+$보다 A$^-$를 받는 경우가 더 많았다. 열심히 하는데 왜 성적이 A$^-$인지 자신들이 더 이해가 안 된다는 대학 동기들의 이야기는 완벽을 추구하는 나의 성향을 더욱 자극했다. 그렇게 최근까지도 완벽을 추구하는 성향을 가지고 있던 나에게 완벽을 비완벽으로 내려놓을 수 있는 계기를 가져다준 사람이 있다. 바로 MJKU(MJKIM UNIVERSITY) 온라인 비즈니스 대학을 운영하는 김민정 대표이다.

김 대표의 진심을 아는 사람들은 그에 대해 "질서는 있되 개그 본능이 있다", "정말 사람들을 들었다 났다 하면서 너무 재미있다"라고 평가하곤 한다. 그런 김 대표가 나에게 해준 말이 있다.

"설미리는 너무 완벽해서 내가 비집고 들어갈 자리가 없네요."

처음에는 그 말이 '기분 좋으라고 하는 칭찬인가 보다'라고 생각했다. 그런데 그런 생각이 머릿속에서 서서히 흐려져갈 즈음 쐐기를 박은 한마디!

"똥폼 잡지 말고. 그래서 오늘 뭐부터 시작할 거예요?"

비완벽함이 완벽함을 이기는 시대

똥폼 잡지 말라는 김 대표의 말이 뇌리에 박혀, 꽉 쥐고 있던 손을 절대 놓지 않으려 애쓰는, 꽉 막힌 내 공간을 허물어주었다. 김 대표는 내게 비즈니스에 있어 필요한 사고 중 하나인 '유연성'에 대해 이야기한 것이다. 완벽하지 않아도 실행에 옮기고, 반응을 살핀 다음 다시 수정하고 반복하길 바라는 마음. 비완벽함이 완벽함보다 시간을 줄이고 오히려 완성도를 높일 수 있다는 것을 깨닫게 해주고 싶었던 것이다.

내가 완벽주의 성향을 내려놓고 즉시 실행한 것은 간단한 카드뉴스 1장과 카톡 대화를 캡처해 인스타그램에 홍보하는 일이었

다. 카드뉴스는 〈날 찐친으로 여긴다는 걸 깨닫게 하는 행님!〉이
라는 제목으로 만들었고, 카톡 대화의 내용은 "나는 알아요, 설미
리를. 더 크게 갈 수 있어요. 웬만한 남자보다 나아요"였다. 그리
고 재미있는 일이 벌어졌다. 이 카드뉴스를 본 사람들이 유익하고
재미있는 콘텐츠라고 여겨 156명이 저장했고, 다른 사람들에게
공유하기까지 했다. 그러자 공유한 콘텐츠를 본 사람들이 내 계정
에 접속해 다른 게시물까지 보기 시작했다. 잠재고객이 또 다른
잠재고객을 소개해준 격이었다.

　내가 애써 진지하고 완벽하게 콘텐츠를 만들어서 홍보할 때보
다, 완벽하지 않지만 유머러스하고, 보자마자 머리에서 바로 이해
가 되는 콘텐츠에 오히려 사람들이 더 긍정적으로 반응하기 시작
했다. 사람들은 딱딱하고 지루하게 느껴지는, 교과서 같은 전형적
인 느낌의 콘텐츠보다, 척하면 척! 하고 바로 뇌리에 꽂혀 그림이
그려지고 곧바로 이해되는 콘텐츠에 빠르게 반응한다는 것을 확
인했다. 결국 나는 완벽하지 않은 콘텐츠로도 순식간에 성장할 수

있고 성과를 낼 수 있다는 것을 그렇게 직접 경험했다.

성공적인 카드뉴스 프로세스 1: 고객의 관심사를 캐라

나는 카드뉴스로 성과를 내는 확실한 방법을 알고 있다. 이 방법은 고객의 '시선'을 사로잡고 콘텐츠에 '집중'시킬 수 있다. 단순하지만 꼭 거쳐야 하는 과정. 바로 고객에게 '관심'을 갖는 것이다.

고객에게 관심을 가지려면 나의 고객이 있는 곳으로 찾아가서 그들이 어떤 이야기를 주고받는지, 어떻게 반응을 하고 있는지 빠르게 발견해야 한다. 고객은 우리의 제품에 관심을 두지 않는다. 제품이 주는 결과, 즉 어떠한 혜택과 도움을 주느냐에 관심이 있다. 따라서 고객은 늘 현장에서 직접 경험한 목소리를 듣고 싶어 한다. 그렇게 제품이나 서비스를 간접적으로 경험하고, 구매를 결정하고 싶어서이다.

고객의 현장 목소리를 발굴하기 위해서는 '네이버 카페'와 같이 잠재고객이 모여 있는 커뮤니티를 활용해보는 것이 가장 빠른 길이다. 사람들은 다른 이들도 자신이 가진 고민을 비슷하게 느끼고 고민하는지 확인받고 싶어 한다. 다른 사람들이 어떻게 고민을 해결했는지 궁금해하며 자신이 처한 상황과 문제점, 고민을 토로하는 게시글을 올리고 댓글로 해결 방법을 소통하려 하기도 한다.

세계 최고의 마케팅 구루 세스 고딘의 저서 《이제는 작은 것이 큰 것이다》(안진환 옮김, 재인, 2009)의 제목처럼 작은 이슈와 댓글 하나가 사람들의 뇌리에 꽂히는 콘텐츠로 만들어지기도 한다. 실제로도 나는 이런 이슈를 발굴해 마케팅에 적극 활용한다. 내가 이렇게 커뮤니티를 통해 고객의 관심사를 찾아내고자 하는 것은 고객의 관점에서 고객이 원하는 것을 얻었을 때 느낄 혜택에 대해 발 빠르게 움직일 수 있기 때문이다. 돈은 고객의 지갑에서 나오므로 판매자 중심의 콘텐츠가 아니라, 고객 관점으로 생각하고 제작된 이미지가 매출과 더욱 직결될 수 있다.

성공적인 카드뉴스 프로세스 2
: 고객의 시선을 한 군데로 모아라

마케팅 회사에 처음으로 취직해 내가 배정받은 부서는 교육사업부였고 주요 타깃층은 초중고생 자녀를 둔 엄마였다. 당시 나는 우리 상품이 엄마들에게 줄 수 있는 메인 메시지를 발굴하기 위해, 하루에도 수십만 개의 글이 올라오는 규모가 큰 대형 육아 카페부터 소규모 육아 카페까지 모두를 살폈다. 그러면서 엄마들이 반복적으로 이야기하는 키워드를 찾아낼 수 있었는데, 그것은 바로 '집중력을 높이는 방법'이었다.

그런데 이 키워드가 돈이 되는 것을 알고 이미 많은 교육업체들이 상위노출과 콘텐츠를 선점하고 있었다. 그래서 간단하지만 고객의 뇌리에 꽂힐 메시지를 전달하고, 잠재고객의 시선을 한 군데로 모아야겠다고 생각하여 다음과 같이 노력했다.

첫 번째, 블로그에 들어가는 사진에도 정성을 들였다. 우리 부서에서 운영하던 블로그에 '집중력'과 관련된 키워드로 상품을 홍보하기 시작했다. 블로그 글 작성의 기본 구성은 '글+사진'의 반복이다. 경쟁업체에서는 대부분 외국의 어린아이들이 공부하는 사진 정도를 올려놓고 있었는데, 그 이미지 한 장이 무엇을 말하는지 이해는 되지만, 끌리지는 않았다. 그래서 사진 위에 카피라이팅을 하기 시작했고, 그 카피를 뒷받침하는 설명을 사진 밑에 쓰기 시작했다.

두 번째, 교육 상품에 만족한 아이들의 모습과 엄마들의 후기를 카드뉴스로 만들었다. 물론 부모님의 동의하에 마케팅이 이루어졌다. 교육사업부 자체적으로 운영하던 네이버 카페에 후기 모음집 카드뉴스와 홍보글을 작성해두고, 블로그에서 카페로 유입될 수 있도록 연결 다리를 만들었다. 블로그에서 〈집중력 높이는 방법〉에 대한 글을 보고 카페로 유입된 엄마들에게 카페 가입 시 전화번호를 남기게 했고, 개인정보 수집에 동의한 사람들에 한해 지속적으로 정보를 주면서 전화를 걸어 교육 상품 클로징을 해나갔다. 블로그에 올린 카드뉴스와 네이버 카페 글이 엄마들의 자발적인 정보 공유로 홍보되면서, 덕분에 교육사업부는 월 최대 매출 3,000만 원 이상을 달성할 수 있었다.

세 번째, 블로그와 카페의 글을 보고 문의해온 엄마들의 질문들도 무조건 빼놓지 않고 카드뉴스로 만들어 홍보했다. 문의해오는 고객들의 질문 역시 콘텐츠에 집중되고 있음을 확인할 수 있었다.

온라인에서 '신뢰'는 돈이다

온라인상에서 가장 중요한 자산은 고객의 '시선'과 '집중'이다. 물론 나의 상품이나 서비스를 잠재고객에게 노출하고 집중하도록 만드는 것은 쉽지 않다. 하지만 쉽게 접근하는 방법이 있다. 복잡하게 생각하거나 완벽하게 노출하지 않아도 된다. 현장의 경험과 목소리를 이용해 콘텐츠를 만들고, 고객에게 꾸준히 전달해주면 된다. 이런 과정이 지속되고 콘텐츠가 쌓이면, 광고를 하지 않고도 카드뉴스 한 장만으로도 고객에게 '신뢰'를 제공할 수 있다. 그리고 고객에게 제공하는 신뢰야말로 온라인에서 부를 창출하는 강력한 요소이다.

고객의 신뢰를 얻게 되면 제품이 비싸거나 제품의 효과에 대한 마케팅적 표현이 부족하더라도 고객은 구매를 결정한다. 당신이 판매하는 제품이나 서비스가 고객의 문제를 해결해줄 수 있다는 신뢰를 쌓아보자. 고객의 뇌리에 박히는 유용한 정보를 전하고 실제 도움을 줄 수 있는 솔루션까지 제공한다면, 고객은 우리를 신뢰하게 된다.

디자인 : 한 페이지에
하나의 메시지를 담아라

나를 증명하기 위한 한마디를 새겨라

성장으로 가는 지름길은 있지만, 한순간 잘되는 길은 없다. 하지만 조급한 마음과 미래에 대한 막연한 두려움으로 무엇이든 빨리 해결하고 싶어 하는 사람들이 더 많다. 특히 우리는 '빨리빨리'라는 말을 자주 사용하며, 대다수의 사람들이 당장 빠른 해결을 요구하는 성향을 가지고 있다. SNS 광고나 유튜브만 봐도 '집에서 일하고 직장인 월급만큼 버는 법'과 같이 쉽게 돈을 벌 수 있다는 등의 자극적인 콘텐츠가 많다. 그렇지만 누구나 쉽게 돈을 벌 수 있는 일이라면 이미 그 시장은 레드오션일 확률이 높다. 그만큼 경쟁자가 많다는 것이다. 큰 노력을 들이지 않고 돈을 벌 수 있다는 희망보다는 내가 지금 당장 무엇에 집중할 것인가를 살피는 것이 지속적으로 비즈니스를 이어갈 수 있는 길이다.

퍼스널 브랜딩 성공을 위한 온라인 마케팅 코칭을 하면서, 나는 정말 많은 이들이 세상을 보는 시야가 좁으며 돈에만 집중한다는 것을 느꼈다. 그러나 어떠한 비즈니스를 하더라도 결국 사람에 대한 공부가 필수적이다. 특히 내 고객이 가진 고민과 그에 대한 해결책 등을 가지고 있어야 하지만, 많은 이들이 고객에 대해 크게 고민하지 않는다.

예전에는 나 역시 고객에 대한 공부보다 나의 이기심이 먼저였다. 고객이 어떠한 경험을 통해 나에게 오게 되었는지, 나에게 무엇을 원하는지를 전혀 묻지도 않았고, 관심조차 없었다. 그렇다 보니 고객을 놓쳤고, 지속적으로 틀렸다. 그럼에도 이 경험들은 내게 가장 중요한 사람 공부에 대한 데이터를 남겼고, 새로운 비즈니스를 할 수 있는 계기를 만들어주었다.

한편 그 과정에서 나에게는 스스로 성장했다는, 자신감을 빙자한 자만심도 생겨났다. 내가 틀려봤기에 내가 정답이라는 생각에 갇히고 마는 것이었다. 그럴 때마다 나는 스스로를 통제하는 장치로서 나보다 먼저 그 길을 간 사람들을 찾아, 그들의 이야기를 듣고자 했다. 그리고 그 과정에서 그들이 겪은 실패와 성공의 경험들을 배울 수 있었다. 또 그들과 같은 레벨이 되어야겠다고 결심하는 과정에서 초라한 내 모습을 발견하기도 했으며, 더욱 노력할 수밖에 없었다. 나보다 더 상위에 있는 이들을 보니, 그들만의 세계에서 협업의 형태로든 제휴로든 비즈니스가 형성되고 있는 것을 발견했다. 내가 그들의 눈에 띄고 나를 증명해내기 위해

서는 나는 어떤 사람인지 한마디로 표현할 수 있는 사람이 되어야
했다.

한마디로 설명할 줄 알아야 한다

과거에 나보다 상위에 있었던 지인으로부터 한 가지 질문을 받
았다. "미리 씨는 요즘 뭐 해요?"라고 말이다. 나는 이것저것 모두
다 하는 비즈니스 중이라고 답을 했다. 그러자 그 지인은 고개를
끄덕이며 "아~ 네~"라고 대답했다. 당시 나는 그런 반응을 보며
'이 사람이 탐탁지 않아 하는구나. 내가 이 사람에게 원하는 답을
주지 못했구나'라고 생각했다. 그리고 시간이 지나 다른 지인으로
부터 그 답을 들을 수 있었다.

나에게 질문을 한 지인은 나를 알고 싶어 했으며, 나와 협업을
원했다. 협업을 하기 위해서는 서로의 부족한 부분을 채워 서로
윈윈(Win-Win)할 수 있는 파트너십이 중요하다. 그런데 인간적이
고 성실한 모습 이외에, 비즈니스에서 나의 수준과 역량을 가늠할
만한 경험을 해본 적이 없어, 판단이 쉽지 않았다고 했다. 특히,
무엇을 하는지 물었을 때 이것저것 하고 있다는 설명을 듣고는 지
금은 함께할 타이밍이 아니라고 판단했다는 것이었다. 그때 내가
제대로 한마디로 답변을 했다면, 나를 적극적으로 증명해 보였더
라면 당시 다가온 협업의 기회를 살릴 수 있었을 것이고, 그랬다
면 지금 나의 모습은 달라져 있으리라는 생각이 들었다.

간단명료함이 카드뉴스의 핵심

이야기를 시작하려면 첫 줄부터 독자를 사로잡아야 한다. 즉, 이렇게 말하는 것이다.

"내 말 좀 들어봐! 이리 한번 와봐! 궁금해서 못 견딜 걸?"

세계 최고의 베스트셀러 작가인 스티븐 킹의 말이다. 앞서 내가 협업자로 선택받지 못했던 이유도 여기에 있다는 생각이 들었다. 비즈니스에서 긍정적 기회를 얻을 수 있었으나 상대방을 사로잡을 메시지를 주지 못했던 것이다.

이 경험을 통해 나는 상대방의 시선을 사로잡고 집중시키기 위해서는 첫 한마디가 중요하다는 것을 깨달았다. 사람들은 첫 한마디에서 그다음 설명에 귀를 기울일지 말지를 결정한다는 것도 알게 되었다.

쏟아지는 정보와 광고 속에서 요즘 사람들의 피로도는 매우 높아져 있다. 또한 모두가 바쁘고 시간이 부족한 상황에서도 사람들은 휴대전화에 파묻혀 살고 있다. 이렇게 복잡하고 산만한 상황에서 중요하게 알아야 할 것은, 사람들의 관심을 이끌어낼 수 있어야 한다는 것이다. AI가 사람을 대신하고, 메타버스 가상 세계가 확장되고 있는 이 시점에서도 가장 중요하게 알아야 할 것은 단 하나다. 사람들의 관심을 이끌고 제품이나 서비스를 구매하도록 행동까지 유도할 수 있는 전략이 필요하다는 것.

어떻게 해야 사람들의 관심을 이끌고 궁금증을 유발하는지, 반드시 먹히는 카드뉴스 마케팅 프로세스는 무엇인지, 내가 정리한 방법은 다음과 같다.

첫째, 한 개의 메시지(이슈)를 던져라

최근에 나는 "새벽 5시 30분! 비즈니스 마스터클럽 마케팅 특강 초대합니다"라는 제목의 카드뉴스 한 장을 인스타그램에 업로드했다. 카드뉴스에는 비대면 화상 미팅을 하는 장면의 사진을 넣어 디자인했다. 굉장히 단순하지만 간단명료한 메시지를 던지는 카드뉴스였다. 즉 사람들의 시선을 사로잡는 핵심은 카드뉴스 한 장으로 제작하되 하나의 메시지만 담아내는 것이다.

사람들은 바쁘고 시간이 없다. 그렇기 때문에 보자마자 이해가 되고, 판단을 할 수 있는 카드뉴스여야 한다. 그래야만 스스로 결정한 이후에 자신의 모습을 상상할 수 있기 때문이다.

둘째, 첫 문장은 궁금하도록 작성하라

한 장의 카드뉴스에 하나의 메시지를 주고 나면 다음 할 일은 궁금증이 생기도록 첫 문장을 작성하는 것이다. 〈비즈니스 마스터 클럽 마케팅 특강〉에 초대하는 카드뉴스를 올린 후 내가 인스타그램 설명란에 작성한 첫 문장은 '#새벽5시30분기상 1년 해보니'였다. 인스타그램 피드의 경우 두 줄만 먼저 보이고 나머지 내용은 '더 보기'를 눌러야 확인이 가능하다. 그렇기에 이 기능을 장점으로 승화해 먼저 보이는 두 줄, 특히 첫 문장을 사람들이 궁금하도록 만들고, '더 보기'를 눌러 끝까지 읽고 싶게 만드는 전략이다.

셋째, 디자인은 무조건 심플하게 만들어라

사람들은 눈이 가는 이슈에 집중하게 된다. 사진을 보듯 보자마자 이해가 되는 콘텐츠가 사람들의 뇌리에 오래 남는다. 그러기 위해서는 간단명료한 디자인이어야 한다.

내가 만든 한 장짜리 카드뉴스는 굉장히 단순하다. 군더더기 없이 하나의 메시지만 표현하고 있다. 오히려 사람들이 인스타그램의 설명을 보고 "비즈니스 마스터 클럽 마케팅 특강 참여하려면 어떻게 해야 하나요?"라고 문의를 해온다.

이것이 반드시 먹히는 카드뉴스 마케팅의 프로세스이다. 간단명료한 카드뉴스 한 장에 하나의 메시지를 담아내고, 설명하며 구매나 참여를 유도한다. 나는 여전히 이러한 방식으로 사람들의 시선을 사로잡고 있으며, 퍼스널 브랜딩을 진행 중이다. 그리고 내가 가진 지식과 경험을 바탕으로 많은 이들을 코칭하며 노하우를 전파하고 있다.

모든 접근방식은 다를 수 있고, 결과도 달라질 수 있다. 다만 사람들에게 확신을 주기 위해서는 심플해야 한다. 고급스럽게, 있어보이기 위해 포장하고 덧붙일 것이 아니라 얼마나 심플하게, 단순하게 한마디로 설명할 수 있느냐에 따라 승부가 난다.

내가 과거에 비즈니스 협업의 기회를 놓쳤던 것은 바로 나 자신이 복잡했기 때문이다. 내가 복잡했기 때문에 나조차 내가 무엇을 하는지 정의 내리지 못하고 있었다. 결국 내 비즈니스 방향을 스스로도 정하지 못해 갈팡질팡한 모습을 지인이 알아차린 것은 아니었을까.

사람들의 시선을 사로잡고 집중시키기 위해서는 구구절절 장황한 설명보다 단 한 장의 메시지만 있다면 충분하다.

텍스트 : 고객의 언어로
기록하고 응답하라

하기 싫은 것은 하지 않을 자유가 있다

나는 미주알고주알 말을 많이 하지 않는다. 내 지인들 대부분
은 이런 내 성격이 타고난 것인 줄 알지만, 모든 상황에는 원인이
있기 마련이다. 지금의 내 모습은 과거의 경험이 만든 것이다.

어릴 적 나의 부모님은 하루가 멀다 하고 다투셨다. 다툼의 원
인은 대부분 경제적인 것이었다. 어려서부터 그런 모습을 보고 자
라온 나는 크면서 내내 성공을 간절히 바랐다. 잘 먹고 잘살고 싶
었고, '설미리'라고 하면 돈을 잘 벌고 능력 있는 사람으로 인식되
고 싶었다.

그러나 내가 자라온 환경은 돈과는 거리가 멀었다. 그래서 나
에게 다가오는 일은 모두 내 책임이라고 생각하며 혼신의 힘을 다
해 스스로 처리해나갔다. 성공을 위해서는 당연하다고 생각하면

서 말이다. 탈출하고 싶었고, 내가 더 빨리 성장해야 자유로운 환경에서 나의 능력을 펼칠 수 있을 것 같았기 때문이다. 그러는 과정에서 한 가지 깨달은 것이 있다. 하기 싫은 것은 하지 않을 자유가 있다는 것이다.

비즈니스는 정답 없는 전쟁터

스스로 할 일을 찾아서 하고, 성공하기 위해 고군분투할 때조차도 나는 앞에서 정한 스스로의 원칙, '하기 싫은 것은 하지 않을 자유가 있다'를 지키며 앞으로 나아갔다. 그에 더해 또 하나의 원칙을 세웠는데, 이것은 나의 성장과 성공을 위해서라면 남들에게도 도움이 되고 이익을 주는 일을 하고 싶다는 것이었다. 그렇게 사람을 돕는 일, 나의 성장과 성공을 위한 일이라면 돈이 되지 않아도 발 벗고 나서는 내게, 어느 날 하기 싫은 일이 생겨났다.

3년 전, 나는 보험설계사 일을 하는 지인의 요청으로 1년여의 시간을 함께하며 온라인 마케팅에 헌신했다. 회사의 대표자처럼 모든 걸 내가 다 책임지고 가면서 무게감을 느꼈고, 성과를 내야 하는 부담감도 있었다. 그것을 버텨내며 자동화 수익 시스템을 마련하는 데 성공했고, 그것은 3년이 지난 지금 시점에서도 큰 무리 없이 돌아가고 있다. 이는 내가 이 시스템의 성공적인 안착을 위해 그만큼 공을 들였음을 증명하는 것이다. 그러나 돈에서 자유를 얻고 성공하고자 시작했던 이 일에는 계속 더 큰 에너지가 필요했고, 그런 상황이 지속되자 나의 몸과 마음은 고단해졌다. 이 고단함이 내가 가장 집중해왔던 일을 하기 싫은 일로 만들어버렸다.

나처럼 평범한 사람이 성장을 해나가는 길에는 '나는 왜 성공하고 싶은가?'를 생각해보는 과정이 필요하다. 비즈니스를 하는 데 있어 내가 추구하는 것이 무엇인지 뿌리 깊게 정의 내리지 못한다면, 나처럼 그렇게 헌신했던 일마저 하기 싫은 일이 되어버릴 수 있다. 그렇기에 비즈니스에서는 멘탈을 더 단단히 하고, 어떠한 일이 생겨나고 주변 사람들이 어떻게 나를 평가하든, 자신의 길을 우직하게 걸어가야 한다.

비즈니스에서도 결국 남는 것은 사람이다

보험설계사 지인의 온라인 마케팅을 진행할 당시, 지인의 손과 발이 되어줄 보험 총무를 고용했다. 그 총무는 출근한 지 3일도 되지 않은 짧은 시간에 우리와 급속도로 친해질 정도로 친화력 좋은 사람이었다. 총무를 고용하고 나서 지인 설계사가 이직을 했는데, 그때도 우리는 설계사를 따라 함께 이동했고, 새로운 곳에서 적응할 때도 서로 의지하며 생활했다. 지금 와서 생각해보면 당시 서로 비즈니스에 대해 '왜 성공해야 하는지에 대한 이해와 깊이가 있었다면 결과가 조금이라도 달라졌을까?' 하는 생각이 들기도 하지만, 결국 남는 건 사람이었다.

보험설계사의 이직은 리스크가 크다. 이직 시 새로운 조직에서 보험 판매 코드를 얻어야 하고, 그 코드가 나오는 시간이 한 달이상 걸린다. 그 말은 보험계약을 할 수 없다는 말과 같고, 그렇게되면 수당도 없다는 말이다. 성공을 위해 새로운 곳에서 시작하는일이 결국 돈의 궁핍이라는 문제를 발생시켰고, 급기야는 몇 개월버티지 못하고 또 다른 조직으로 이동하는 결과를 낳게 되었다.무엇이 잘못되었는지 직감한 나는 보험설계사 지인에게 잘못된부분을 일러주고, 그것을 해결할 방법도 설명해주었다. 그런데도지인 보험설계사는 새로운 조직에 자연스럽게 안착하지 못했다.

내가 비즈니스를 하면서 가장 중요하게 생각하는 원칙 한 가지는 바로 '자기 통제'이다. 자기 자신을 통제하지 못하면서 상대방을 입체적으로 바라볼 수 있는 관점과 여유로운 마음이 생기기란불가능하다는 것을 너무나도 잘 알고 있기 때문이다. 그런데 지인보험설계사는 그 부분이 부족해 보였다.

머지않아 나는 우리 팀의 끝을 예상하게 되었다. 지인 보험설계사에게 더 이상 함께 일하지 못하겠다는 것을 설명했고, 서로소통을 통해 비즈니스를 종결하기로 했다. 그런데 어느 날 그는나를 불러내 눈물을 흘리며 다시 함께 잘해보자고 회유하기 시작했다. 한번 결단을 하면 번복하지 않는 나였지만 한 달가량 더 해보고 판단하겠다는 의견을 제안했고, 제안은 받아들여졌다. 그런데 일주일이 지나지 않아 그 지인 보험설계사는 나를 또 따로 불러 이런저런 이야기를 하기 시작했다. 내가 감정적으로 힘들어했던 개인적인 이야기부터, 나 때문에 비즈니스를 망쳤다는 프레임까지 씌우기 시작했다. 그런 모습에 더 이상 함께 할 수 없겠다는 판단이 명확해졌고, 우리는 그렇게 함께한 시간보다 더 빠르게 관계를 정리했다.

그렇게 우리 팀은 삽시간에 서로 갈 길을 가게 되었는데, 지금 끝까지 연락하고 있는 사람은 단 한 사람, 당시의 총무이다. 힘든 시간을 버텨내며 총무로부터 내가 들은 한마디는 "그래도 설미리라는 사람을 남겼잖아요! 전 그걸로 충분해요"였다. 이 한마디에 나는 비즈니스에서도 사람을 남겨야 한다는 중요한 사실을 깨달았다. 또 이러한 경험과 과정을 통해 깨달은 것은 아무리 내가 비즈니스에서 성공하고 싶은 마음이 커도 사람이 싫어지면 결국 비즈니스가 제대로 될 수 없다는 것이었다. 그렇기에 비즈니스에 있어 나에게는 한 가지 원칙이 더 추가되었다. 비즈니스의 성공을 바라는 마음이 커도 사람이 싫어지고 급기야 일까지 하기 싫어진다면, 그 일을 하지 않아도 되는 자유를 지키자는 것이다.

'사람'이 기억에 남는 마케팅

사람들은 실체가 없는 것을 더 잘 믿는다. 성장이라고 하는 추상적인 단어에 몇천만 원을 쓰는 사람들도 있고, 성공에는 실체가 없는데도 그것을 위해 인생을 걸고 살아가는 사람들도 있다.

나는 사람들에게 실체가 없는 성장 스토리를 홍보하고, 그것이 매출로 이어지도록 하는 마케팅을 이어가고 있다. 마케팅 역시 실체가 없는 무형이지만 사람들에게 확신을 줄 수 있는 것은 사람이다. 즉, 나의 고객이 누구인가 정의를 내려야 한다.

총무가 나에게 해준 한마디는 한동안 여운을 주었다. 나에게 솔루션을 찾는 고객과 상담할 때 나는 총무가 해준 한마디를 기억하고, 그 말 그대로 전한다. "○○님, 그래도 저는 ○○님을 얻었잖아요. 전 그걸로 충분해요!"라고 말이다. 그리고 나와 계약으로 연결된 고객에게 왜 나를 선택했느냐고 다시 물어보면, 그 한마디가 결정적으로 믿음을 주었다고 답을 해왔다.

비즈니스를 성공적으로 이끌어가기 위해서는 포장이 화려하거나 그럴싸해 보이는 콘텐츠를 홍보하기보다 이렇게 고객의 한마디를 콘텐츠로 제작해 홍보하는 것이 효과적이다. 고객의 입에서 나온 질문, 그 질문에 내가 답을 어떻게 했고, 고객은 또 어떠한 피드백을 주었는지 이것을 콘텐츠로 제작하는 것이다.

좀 더 감성적인 메시지로 콘텐츠를 만들 때에는 부드러운 어조의 텍스트에 매끄럽고 단순한 폰트를 쓰면서 공감대를 형성하는 것이 좋다. 반면 힘 있는 말을 전할 때는 각지고 두꺼운 폰트를 사용해 강조하는 것이 전달력을 높일 뿐 아니라 강력한 느낌을 전달하는 데 유리하다.

고객의 언어로 콘텐츠를 만들고 그것으로 고객과 소통하는 전략은 매출로 이어진다. 고객은 결국 자신이 궁금해하는 답변을 듣고 싶어 하고, 그것을 곧 해결책이라고 생각하기 때문이다. 이러한 콘텐츠를 지속적으로 발행해야만 고객을 더 잘 이해할 수 있고, 무엇보다 나에게 문의해오는 고객들의 수준까지 높일 수 있다. '내가 이 사람을 믿어도 될까?' 할까 말까 고민하는 고객의 마인드나 질문보다는 나를 이미 신뢰하고 '과연 내가 잘할 수 있을까?'라고 질문해오는 사람이 나의 고객이 될 확률이 높아진다.

모든 비즈니스의 중심은 사람이다. 카드뉴스 마케팅에서도 마찬가지다. 사람을 남기는 생각을 기본적으로 머릿속에 장착하고 있어야 한다. 그리고 이러한 기본을 지탱하고 지지해주는 것은 내 생각이 아니라 고객의 언어를 이해하는 것이다. 오늘 내가 고객에게 받은 질문이 무엇이었는지 한번 생각해보고, 그것을 바탕으로 카드뉴스 콘텐츠를 만들어 노출해보길 바란다. 그것이 바로 고객의 시선을 사로잡을 수 있는 강력한 콘텐츠가 되어줄 것이다.

고객의 언어로 이야기하기

고객의 언어를 이해하고 그것으로 콘텐츠를 만들어야 한다는 것은 기본이자 필수다. 나의 매출은 고객으로부터 나오기 때문이다. 그런데 많은 이들이 고객의 언어로 마케팅하기보다는 자신의 이력, 제품, 서비스 이야기를 먼저 한다. 고객의 생각을 읽지 못하고 고객의 언어를 이해하지 못한다면 제대로 고객에게 메시지를 전달하지 못한다.

이것을 알기에 나는 현장에서 직접 고객과 소통하고 현장에서 뛰는 경험을 보완하기로 결정했다. 그것을 위해 내가 선택한 것은 콜드콜과 콜드 콘택트였다. 먼저 SNS를 활용해 고객을 발굴했고, 발굴한 잠재고객에게 콜드콜을 하기 시작했다. 그 과정에서 입에 담을 수 없는 욕설과 굉장히 차가운 거절을 받으면서도 콜드 콘택트로 이어지도록 고객의 이야기를 듣고 이해하고자 노력했다. 그리고 이런 콜드콜과 콜드 콘택트 덕분에 정말 **빠르게** 내가 성장 중임을 스스로 느낄 수 있었다. 이 과정을 통해서 굉장히 짧은 시간 안에 고객의 특징을 파악할 수 있게 되었고, 고객의 언어를 **빠르게** 이해하여 잠재고객이 구매고객으로 이어지도록 만들 수 있었다. 그 비결 세 가지를 소개한다.

첫째, 고객의 목소리 톤에 나를 맞추자!

나의 콜드콜 대상은 중소기업, 소상공인 대표들이었다. 이들과 소통하기 위해서는 내가 그들의 눈높이에 맞는 사람이 되어야 했다. 콜드콜을 할 때 상대방은 나를 알지 못하는 상태에서 전화를 받는 것이기 때문에, 상대방과 연결되기 위해서는 목소리를 통해 연결하려는 시도가 필요하다. 그래서 나는 그들의 목소리 높낮이, 말투, 말의 속도에 귀를 기울였다. 예를 들어 상대방이 차분하고 부드럽게 말한다면 나도 똑같이 차분하고 부드럽게 말했다. 또 말이 굉장히 빠르고 목소리 톤이 높으면 역시 똑같이 말을 빠르게 하고 목소리 톤을 높였다. 목소리만 듣고도 짧은 시간 안에 그 사람의 특징을 **빠르게** 파악할 수 있게 된 것이다.

이렇게 상대방의 목소리 톤에 나를 맞추기 시작하자 철옹성같이 높던 상대방의 장벽을 허물고 본론으로 들어갈 수 있었다. 즉, 화려하고 포장된 언변보다는 고객의 목소리 톤을 똑같이 따라 했을 때 상대방도 동질감을 느낀다는 것을 알게 된 것이다.

둘째, 상대의 말에 반론하지 않는다!

콜드콜을 통해 고객과 콜드 콘택트를 하다 보면 내가 알고 있는 사실과는 달리 전혀 맞지 않는 정보를 진짜라고 알고 있는 경우가 있다. 가짜 뉴스가 진짜 뉴스로 믿어지는 것을 보며 나는 그들의 정보가 틀렸다는 것을 알리고 바로잡아야겠다고 생각했다. 그래서 콜드 콘택트 진행 시 "그게 아니라……", "근데 그건……"이라고 반론을 제기하기 급급했다. 그렇게 사람들을 만나고 콜드 콘택트 경험이 쌓여갔지만 성과 없는 나날을 보내면서, 왜 구매로 이어지지 않는지 그리고 어떠한 것을 개선해야 할지 생각했다.

그러다 내가 반론을 제기하던 모습이 머릿속을 스쳤다. 그리고 고객의 표정이 달라졌던 순간들을 되짚어보며 깨달았다. 사람들은 자신이 알고 있는 정보의 출처는 정확하게 알지 못해도 그리고 그 정보가 가짜든 진짜든 간에, 자신이 틀렸다고 인정하는 것을 어려워한다는 것을 말이다. 결국 반론보다 공감을 먼저 하며 정보를 주듯 설명하는 것이 잠재고객을 구매고객으로 이끌고, 나의 메시지를 상대방에게 전할 수 있는 방법이었다.

셋째, 키워드 정리법을 활용하자!

내가 주로 소통하는 지인들의 연령대는 40~50대이다. 나보다 평균적으로 최소 열 살 이상 많은 언니, 오빠들이다. 내가 그들보다 나이는 어리지만, 그들은 종종 고민 상담을 해오면서 내게 감정적 위로를 받고 싶어 했다. 나에게 고민을 털어놓으면 마음이 편안해지고 속이 뚫리는 느낌이라고 말하기도 했다. 나는 이들이 왜 내게 이러한 피드백을 주는지 너무나도 잘 알고 있다. 이들이 듣고 싶어 하는 한마디가 무엇인지, 어떻게 말을 해줘야 하는지 잘 알기 때문이다.

몇 개월 전 내게 전화로 고민 상담을 한 40대 중반 언니가 있었다. 이야기를 들으며 언니의 상황에 맞춘 해결 방안을 설명했는데, 그 언니가 "근데 처음에 무슨 얘기를 했지? 아까 뭐라 했는데⋯⋯"라고 묻는 것이었다. 그때 나는 친절하게 장황한 설명을 하기보다는 키워드 하나를 먼저 얘기하고 나서 간단히 한 문장으로 부연설명을 하는 것이 더 사람들을 집중하게 하고 빨리 공감하게 한다는 것을 알게 되었다. 이것은 카드뉴스 콘텐츠를 제작하는 데 있어서도 '키워드 정리법'이라는 기술을 터득하게 한 좋은 기회가 되었다.

나는 이 경험을 다양한 분야에 적용하고 있다. 최근에는 카드뉴스 한 장만으로도 사람들의 참여를 불러일으키며 비즈니스로 연결되는 소통법까지 확장 중이다.

내가 만든 카드뉴스는 보통 한 장이다. 한 장으로도 목적 달성을 위한 정확한 메시지를 전달할 수 있다. 몇 달 전 소제목 '새벽 5시 30분 독서 토론 클럽', 주제목 '사업 얘기 하실 분?'이라는 카드뉴스 한 장을 만들었다. 그리고 비대면, 즉 화상으로 미팅하는 장면의 사진을 넣어 디자인했다. 무엇을 전달하고자 하는지 메시지가 분명하고, 실제 미팅 사진을 첨부했기에 어떠한 장황한 설명보다 이 클럽과 사업 얘기에 대한 호기심을 자극하는 한 장의 카드뉴스였다. 실제로 내가 홍보하는 클럽에 참여하고 싶다는 문의가 많이 왔고, 덕분에 비즈니스로 연결시킬 수 있었다.

이러한 경험들은 결국 나만이 할 수 있는 콘텐츠이자 나를 한껏 세워주는 브랜딩 도구가 되고 있다. 브랜딩은 나를 신뢰하게 하고, 나를 경쟁자보다 더 돋보이도록 알리는 수단이다. 매출을 높이는 것이 목적이라 해도, 더욱 우선시되어야 하는 것은 고객과 연결하는 것이다. 즉 우리의 비즈니스에 가장 기본이자 바탕은 고객을 중심에 두는 것이다. 그리고 그 고객의 피드백을 활용하여 직접적으로 고객의 언어를 활용해 응답하는 가장 좋은 도구는 바로 카드뉴스이다. 카드뉴스 마케팅으로 사람들의 시간과 관심을 집중시키는 가장 빠른 방법은 고객의 언어를 콘텐츠로 기록하고 응답하며 비즈니스, 즉 매출과 직접적으로 연결 짓는 것이다.

폰트 & 컬러 : 브랜드에 어울리는 폰트와 컬러는 따로 있다

당신의 느낌을 팔아라

브랜드의 광고나 홍보 매거진, 유튜브 자막 등을 보다 보면, 각 브랜드마다 특화된 폰트를 사용하는 경우가 많다. 내 경우 카드뉴스를 제작할 때 눈에 잘 띄고 폰트가 굵은 티몬의 '몬소리체'를 자주 이용하는 편이다. 사람들에게 잘 알려진 배달의민족 '배민체', 주식회사 빙그레의 '빙그레체', 티몬의 '몬소리체' 등은 고유한 브랜드 폰트를 잘 구현한 사례라고 생각한다.

요즘은 기업뿐만 아니라 정부기관이나 관공서에서도 자체 폰트를 개발해 무료로 사용할 수 있도록 배포하고 있다. 이처럼 기업에서나 관공서에서 비용을 들여가면서 고유 브랜드 폰트를 사용하도록 무료로 배포하는 데에는 이유가 있다. 그것은 바로 기업의 브랜딩을 위한 것이다.

배달의민족은 폰트와 컬러를 통해 브랜딩 및 광고 효과를 톡톡히 본 기업 중 하나이다. 매년 '배민 신춘문예 공모전'을 개최하며 사람들에게 큰 재미와 흥미를 제공하였다. 이를 통해 "치킨은 살 안 쪄요. 살은 내가 쪄요", "박수칠 때 떠 놔라, -회", "짜장면 식히신 분~? -혼나야지" 등 굉장히 위트 있고 창의적인 작품이 탄생했다. 이러한 이슈에 기업 자체의 폰트와 컬러를 사용해 보다 많은 사람들의 시선을 자연스럽게 집중시켰고, 많은 이들을 참여하게 했다. 이를 통해 사람들도 배달의민족 브랜드를 자신들의 일상에 자연스럽게 포함시키게 된 것이다.

만약 배달의민족이 "우리 브랜드를 자주 애용해주세요"라고 광고했다면 사람들은 그냥 흘러버렸을지도 모른다. 그러나 배달의민족은 폰트와 컬러를 잘 활용하여 마케팅 효과를 크게 얻었고, 하나의 스타트업 회사에서 기업가치 약 7조 6,800억 원에 달하는 회사로 거듭나게 되었다. 이러한 사례만 보더라도 사람들은 기업이 광고하는 정보를 기억하는 것이 아니라 기업이 성장하는 느낌을 기억한다는 것을 알 수 있다. 또 따뜻함, 포근함, 재미, 안정적인 이미지 등 기업의 페르소나를 느낌으로 기억하게 되는데, 그것을 인식시키는 도구가 바로 폰트와 컬러이다. 이러한 사실을 기업들은 너무나 잘 알고 있는 것이다.

카드뉴스도 이와 마찬가지다. 고유한 느낌, 이미지, 심플함, 깔끔함 등을 폰트와 컬러로 표현해 고객에게 전달해야 나의 브랜드를 사람들에게 각인시켜나갈 수 있다.

브랜드 철학을 담은 폰트와 컬러로 승부하라

여러 기업들이 폰트와 컬러에 자신들의 브랜드 철학을 담는다. 야놀자는 손글씨를 쓴 것처럼 친근감을 주는 '야놀자체'를 무료 배포하고 있고, 강렬하면서도 힘이 있는 핑크색을 메인 컬러로 사용한다. 배달의민족은 과감하게 민트색을 메인 컬러로 사용하고 있다. 모험적인 선택일 법도 했으나 브랜드의 정체성을 잘 드러내고 사람들의 시선을 끄는 데 성공한 사례라고 업계는 평한다. 폰트 역시 굵고 박력 있는 느낌을 준다. 티몬의 메인 컬러는 주황색이다. 강렬하고 열정이 느껴지는 색이며 폰트 역시 힘이 있고 굵다. 우리는 이런 기업의 로고와 폰트, 컬러를 일상에서 자연스럽게 접하게 된다. 홍보물에서나 광고에서도 흔하게 볼 수 있고, 그런 폰트와 컬러를 우리도 자연스럽게 사용한다.

이처럼 일상에 녹아든 폰트와 컬러는 구매를 결정짓는 소비에도 큰 영향을 미친다. 미국 컬러리서치연구소의 조사에 따르면 인간의 다섯 가지 감각(시각·청각·촉각·후각·미각) 중 시각이 87% 비율로 구매 결정에 가장 큰 영향을 미치는 것으로 나타났다. 특히 제품의 색깔은 구매까지 연결되는 데 가장 큰 역할을 하는 것으로 드러났다. 결론적으로 사람들은 제품이나 서비스를 구매하기 전에 가장 먼저 시각적인 영향을 받고, 이는 사람들의 기억 속에 남기 때문에 나만의 상징적 컬러와 폰트를 활용한다면 사람들의 관심을 집중시키고 매출로 이어지도록 접근할 수 있다는 것이다.

이처럼 폰트와 컬러는 브랜드 이미지를 구축하는 데 필수적 요소이면서, 제품을 더욱 선명하게 인식할 수 있도록 돕는다. 여기에 카드뉴스 마케팅으로 시각적인 정보를 제공한다면 고객에게 차별화를 전할 수 있고 공감도 얻을 수 있다.

카드뉴스로 나를 상징화하기 위해서는 컬러와 폰트를 일관성 있게 꾸준히 사용해야 한다. 요즘은 큰돈을 들이지 않고도 나를 상징화할 폰트를 만들어낼 수 있지만 무료 폰트로도 충분히 나를 상징화할 수 있다. 일관성 있게 꾸준히 알리는 것이 전략이다. 일관성과 지속성, 이 두 가지 축만 잃지 않는다면 내 브랜드를 알리는 데 이보다 더 확실한 전략은 없다.

나를 상징화하는 폰트와 컬러 찾기

그렇다면 나를 상징화하는 컬러와 폰트를 찾는 방법으로는 무엇이 있을까? 찾는 방법은 간단하다. 첫 번째는 사람들이 '나'라는 브랜드를 보면서 무엇을 떠올릴까 생각하는 것이고, 두 번째는 사람들은 나를 어떻게 부르는지 생각해보는 것이다.

단순히 '그냥 쉽게 눈에 잘 띄고 좋아하는 컬러나 폰트를 사용하면 되는 것 아닌가?' '보기 좋고 깔끔하게 쓰면 되지 않나?'라고 생각할 수 있다. 틀린 말도 아니다. 다만 하루이틀 하고 말 게 아니라면 나의 브랜드를 상징화하는 데 집중해야 한다. 결국 컬러와 폰트는 '나'라는 브랜드를 대변하는 얼굴이자 정체성이 되기 때문이다.

그러려면 먼저 나를 돌아보는 과정이 필요하다. 왜냐하면 내가 가진 본연의 모습에서 나의 콘텐츠가 나오기 때문이다. 평소 내 모습을 떠올렸을 때 나의 브랜드에 어울리는 시그니처 컬러와 폰트를 떠올려보는 것이다. 내가 주변인들로부터 많이 들었던 질문, 닮은꼴, 느낌을 말해주는 표현들을 모두 적어보면 이미 내가 가지고 있던 느낌들을 포착할 수 있다. 새로움을 추구하여 모두 새롭게 만들어내려 하면 결국 시작을 미루게 될 뿐이다. 또, 이와 더불어 비즈니스와 연결하려는 생각을 습관화하는 것도 필요하다.

작은 디테일의 위력

카드뉴스로 많은 사람들에게 내 브랜드를 인지시키는 것은 굉장히 쉬우면서도 참여도를 높일 수 있는 강력한 마케팅 도구이다. 일관성 있게 꾸준히 노출하는 것이 효과를 불러온다. 즉, 사람들에게 내가 의도한 대로 내 브랜드에 대한 느낌을 전달할 수 있고, 이는 카드뉴스 한 장만으로도 쉽게 가능하다.

나는 카드뉴스로 사람들에게 무엇을 보여주려 하기보다 무엇을 기억에 남길 수 있는지에 대해 고민을 많이 한다. 그리고 그것이 아무리 사소하더라도 소홀히 하지 않으려 애쓴다. 작은 디테일의 위력을 믿기 때문이다.

작은 디테일이 강력한 힘을 가지고 있다는 것을 나는 익히 알고 있다. 작은 것에서 시작된 일은 언제나 여러 방향으로 확장되곤 한다. 나는 9개월째 새벽 5시 30분에 일어나 독서를 하는 커뮤니티에 참여 중이다. 최근에는 이 커뮤니티의 1주년을 기리는 의미에서 1박 2일 워크숍이 개최되었다. 마침 새벽 독서 커뮤니티 리더의 책 출간을 기념하는 날이기도 했다.

새벽 독서에서는 서로를 모두 '대표님'이라고 부르는데, 그중 A대표는 현재 자신의 회사에서 마케팅하고 있는, 시중에서는 잘 볼 수 없었던 판매 제품을 워크숍에 가져와 우리에게 홍보했다. 사실 홍보를 위해 가져온 것은 아니었지만, 시중에서 잘 볼 수 없으면서도 좋은 제품이기에 우리에게 맛을 보여주려고 순수한 의도로 가져온 것이었다. 우리는 그 자리에서 즉석으로 한 명씩 돌아가며 'A대표의 제품 팔아보기' 미션을 실행했다. 우리의 워크숍에서는 늘 클로징을 목적으로 무엇인가 판매하고 브리핑을 한다. 또 거기에서 그치지 않고 브리핑에서 어떠한 부분이 좋았고 아쉬웠는지까지 서로 토론하며, 고객과 연결되는 접점을 찾아 사진이나 동영상 콘텐츠도 생산한다.

나는 A대표가 가져온 제품을 보자마자 이 제품이 어디에서 많이 쓰일지 궁금해졌다. 그래서 곧바로 포털사이트와 인스타그램을 오가며 제품에 대해 정보를 찾기 시작했다. 그 결과 이 제품이 실제 어디에서 많이 사용되고, 누가 찾는지 알려주는 현장의 리뷰가 현저히 적다는 것을 알게 되었다.

SNS 채널, 특히 인스타그램에서 협찬 마케팅을 할 경우, 업로드되는 게시물 중 대다수는 제품을 들고 있거나 제품 사진을 예쁘게 찍은 것들이다. 이런 협찬 마케팅을 통한 제품 콘텐츠는 많으면 많을수록 좋지만, 그보다 더 좋은 것은 실제로 현장에서 사용되고 있는 생생한 후기나 리뷰다. 특히 여러 사람이 실제 제품을 사용하고 있는 사진, 여러 명의 사람이 모인 자리에 제품이 놓여 있는 사진 몇 장은 글보다 더 확실하게 신뢰감을 줄 수 있다. 이런 실제 현장 사진은 생생한 리뷰가 되어주며, 리뷰가 많으면 많을수록 사람들의 삶에 친근하게 밀착되는 느낌을 줄 수 있다. 즉, 현장의 사진 리뷰야말로 사람들이 간접 경험을 가장 '직접적으로' 느끼도록 전달할 수 있다. 사람들에게 자신이 현장에서 제품을 사용했을 때를 상상하게 할 수 있기에, 구매 전환을 불러일으키는 강력한 리뷰가 되어준다. 한마디로 살까 말까 고민하게 하는 것이 아니라, 이미 제품을 구매했다는 가정하에 자신이 얻을 이익에 대해 상상하게 하는 것이 매출과 직결되는 최고의 리뷰라 할 수 있다.

그래서 나는 이 제품의 차별성을 강조할 수 있는 포인트는 사람들이 실제 사용하고 있는 현장 사진이 될 것이라고 확신하고, 첫 장을 사람들에게 이슈를 던질 만한 주제로 구성했다. 내가 워크숍에서 선택한 첫 장 사진은 '작가와의 만남'이었다. 그리고 그 뒤로 현장 사진과 A대표가 판매하고 있는 제품이 같이 노출된 현장 사진을 여러 장 실어 리뷰했다.

또 이 사진을 활용해 카드뉴스를 만들었고, 제목을 '작가와의 만남'이라고 지었다. 그날의 워크숍이 리더의 책 출간을 기념하는 날이기도 했고, 이 제품이 어느 한 단체의 워크숍에서도 사용되고 있음을 잠재고객이 스스로 느낄 수 있도록 포지셔닝까지 생각하여 지은 제목이다. 한마디로 단체주문까지 염두에 두고 만든 카드뉴스와 사진 리뷰였다. 여기에 더해 이 카드뉴스에 긍정적이고 밝으며 유연한 컬러인 노랑을 사용해 나의 브랜드 느낌까지 함께 전달했다.

내가 이 컬러를 선택한 이유는 나의 콘텐츠들이 상대적으로 다른 콘텐츠에 비해 더 돋보이는 효과를 줄 수 있기 때문이다. 특히, 무겁게 느껴질 만한 내용의 콘텐츠라도 부담감 없이 친근하게 다가가는 느낌을 줄 수 있어, 문의를 해오는 사람들에게 편안하게 소통을 이어갈 수 있었다.

카드뉴스는 목적에 따라 컬러와 폰트를 다르게 써야 한다. 컬러와 폰트를 어떻게 쓰느냐에 따라 제품과 서비스 및 브랜드 느낌을 강렬하게 줄 수도 있고, 반대로 부드럽고 편안한 느낌을 줄 수도 있다. 나는 '작가와의 만남'이라는 제목에서 자연스럽고 친근한 느낌을 전하고 싶었다. 그래서 선택한 폰트가 '배달의민족 연성체'

이다. 이 폰트는 무거워 보이지 않으면서도 마치 손편지를 쓴 느낌을 준다. 내가 선망하는 작가 앞에서 멘티로 앉아 있는 내 모습을 떠올렸을 때, 편안한 시간을 가지며 작가를 통해 동기부여를 받고자 기대하는 느낌을 사람들에게 전하고 싶었다.

결과적으로 이 제품이 어디에서 주로 사용되고 있고, 어떨 때 쓰이면 좋을지 현장 리뷰를 포함해 만든 카드뉴스는 제품에 대한 키워드만 검색해봐도 나의 것이 유일하다. 여전히 제품을 검색하면 내 카드뉴스가 인스타그램 인기 게시물에 노출되고 있다(2022년 8월 기준). 덕분에 나는 카드뉴스로 나의 브랜드 느낌을 알리는 폰트와 컬러를 확고히 할 수 있었다. '아~ 설미리가 만들었네'라고 나를 상징하는 느낌을 주었으니 말이다.

생존을 위한 카드뉴스 마케팅

제품만으로는 차별성을 두기가 점점 더 어려운 세상이 되어가고 있다. 이러한 시대에 기업은 브랜드 이미지를 구축하고 구매를 불러일으키고자 다양한 마케팅 전략을 펼치고 있다. 그중 하나가 폰트를 무료로 배포해 자연스럽게 사람들 사이에 녹아들도록 하는 것이고, 그 기업을 떠올렸을 때 특정 컬러가 먼저 생각나도록 하는 노출 마케팅이다. 기업은 나아가 그러한 폰트와 컬러에 자신들의 브랜드 가치와 철학까지도 담아내고 있다. 또 한편으로는 사람들의 기억 속에 자신들의 브랜드 이미지를 강력히 남기기 위해

시각적 콘텐츠인 카드뉴스를 적극 활용하여 사람들의 니즈를 충족시키며 브랜드 차별화를 철저히 펼쳐가고 있다. 사람들의 시선이 집중되는 데에는 시각적 감각이 중요하고 이 시각적 콘텐츠가 구매로까지 이어진다는 것을 잘 알고 있기 때문이다.

생존을 위한 카드뉴스 마케팅 전쟁은 앞으로 더욱 격화될 것이다. 차별화를 위해서는 고객에게 먼저 인식되어야 하고, 그 싸움에서 승리한 브랜드의 매출이 향상될 것이기 때문이다. 그리고 이때 폰트와 컬러를 활용한 카드뉴스는 아주 유용하고도 필수 불가결한 도구가 되어줄 것이다.

스토리텔링 : 카드뉴스에도
기승전결이 있다

저마다의 '빚'을 팝니다

불과 몇 개월 전까지만 해도 나는 남편의 수익에 기대어 살아야 할 정도로 빚이 많았다. 사업을 시작하고 단 한 번도 돈을 허투루 쓴 적이 없다. 심지어 길거리 음식으로 토스트 하나를 사더라도 조금 더 저렴하거나, 가격은 동일하지만 한 가지 재료라도 더 넣어주는 곳에서 샀다. 조금이라도 더 아껴 내가 진 빚을 갚자는 심정이었다.

가끔은 '내가 왜 이러고 사나?' 하는 생각이 들 때도 있었다. 일반 토스트가 아니라 햄치즈 토스트도 먹고 싶고, 어묵꼬치도 같이 먹고 싶었다. 그럼에도 생존하기 위해 이때의 내 마음가짐을 잊지 않고자 늘 토스트는 1,500원짜리 기본 토스트를 '국룰(국민 룰)'로 머릿속에 박아두었다.

나는 과거에 빚을 지고 사업을 해나가면서 힘들었던 이야기들을 종종 하곤 한다. 심지어 웃음을 전하기 위한 수단으로 빚이 있다는 것을 활용할 때도 있다. 그런데 이렇게 '과거의 어려운 시절에 대한 고백' 이야기는 비단 나뿐만 아니라 자기계발서, 교육 플랫폼 광고 영상들만 보더라도 쉽게 마주할 수 있는 소재들이다. 많은 콘텐츠들이 빚쟁이, 알코올 및 게임, 도박 중독, 은둔형 외톨이, 왕따 경험 등 어찌 보면 매우 자극적이고 솔깃할 만한 스토리들을 내세우기 때문이리라.

나는 벤치마킹을 할 때 사이버수사대급으로 치밀하게 하는 편인데, 유튜브나 인스타그램, 블로그를 통해 이런 자극적인 이야기들을 소재로 한 수십 개가 넘는 광고를 보면 '치부로 돈 벌기가 아닌가?'라는 생각이 들 때가 많았다.

삼시세끼 똑같은 밥을 먹으면 물리듯, 자극적인 스토리를 반복적으로 자주 보다 보면 지겨울 만큼 피로도가 쌓인다. 그러나 만약 내가 누군가로부터 배워야 하는 상황이고, 자극을 받아야 할 시점에 놓여 있다면 이러한 자극적인 스토리를 통해서라도 배움과 깨달음을 얻어내야만 할 것이다. 늘 같은 이야기의 반복이라며 치부하거나 마음에서 배제하게 되면 사업의 성장과 매출 성장이라는 본질적인 문제와 마주하게 될 수밖에 없다. 왜냐하면 가난했지만 역경을 이겨내고 결국 자수성가한 사람들의 이야기가 사람들의 가슴을 울리고 가장 와닿는 스토리이기 때문이다.

네 정체를 밝혀봐

사실대로 말하자면 나의 사업은 여러 차례 실패를 거듭했다. 첫 사업은 화장품 판매였는데 시원하게 말아먹었다. 그 이유는 결과에만 집중했고 나의 노력과 실행력이 뒷받침되지 못했기 때문이다. 두 번째 사업은 1인 지식 창업이었다. 사업에 대한 경험도 없었고 아무것도 몰랐던 내가 최대한 대출로 빚을 냈고, 더 많은 돈을 벌기 위해 그 돈을 배움에 투자했다. 그러나 이 역시, 돈만 내고 나면 나는 무조건 성공할 것이라는 안일한 생각이 실패라는 결과를 가져왔다. 그렇게 고금리 대출을 받아 버틸 때까지 버텨봤지만 줄어드는 통장 잔고와 점점 불어나는 대출금을 보며 심장이 조여드는 고통을 느꼈다. 결국 공황장애와 트라우마를 느끼게 되어 2년 가까이 사람들이 절대로 '나'라는 사람을 찾지 못하도록 꽁꽁 숨어버리기까지 했다.

그러던 어느 날 지인으로부터 '참 이기적인 사람'이라는 말을 듣게 되었다. 그 지인은 자세히 말로 표현하지는 않았지만, 내가 보통의 사람과는 다르다는 것을 짧은 대화에서 직감하고는 내 안에 숨은 나의 이기심과 나의 철두철미한 방패를 알아챘던 것이다. 이후 그 지인은 "네 정체를 밝혀라"라는 말로 긍정적인 의미에서 나를 추궁했다. 또 내가 지금껏 어떤 사업을 펼쳐왔고 어떻게 실패했는지를 처음부터 끝까지 모두 듣고 싶어 했다.

쉽진 않았지만 나는 그 지인에게 조금씩 마음을 열기 시작했다. 그리고 지인의 도움으로 세상에 조금씩 나를 알리기 시작했고, 이제는 내 인생의 세 번째 사업을 시작하게 되었다.

스토리텔링 카드뉴스의 세 가지 공식

새로운 사업에 도전하면서 나는 점차 내 이야기를 마케팅에 활용하면서 스토리텔링의 소재로 사용하기 시작했다. 그러던 어느 날 실패의 경험담과 그로 인해 생긴 빚 이야기까지 서슴없이 하고 있는 나 자신을 발견했다. 그렇게 내가 처한 상황을 극복하는 경험을 이루고 나니, 스토리텔링 콘텐츠의 성공 공식이 눈에 보이기 시작했다. 바로 '확인-공감-유도'이다.

'확인-공감-유도'의 3단계는 공식처럼 인지하고 있어야 한다. 스토리텔링뿐만 아니라 블로그 글쓰기, 유튜브 영상 제작, 대화 방식에도 적용할 수 있기 때문이다. 특히, 유튜브에서 '떡상'하는 콘텐츠나 영화 예고편들을 보면 이러한 공식이 적용되어 있는 것을 알 수 있다. 나 또한 이 공식을 통해 스토리텔링 위주의 카드뉴스를 제작해 홍보 효과를 톡톡히 본 사례가 다수 있다(이 사례에 대해선 뒤에서 자세히 설명하도록 하겠다).

카드뉴스로 마케팅을 하려는 이들 중에는 제작에 앞서 '과연 내가 할 수 있을지' 부담을 느끼고 지레 겁을 내는 사람들이 있다. 이들에게 내가 첫 번째로 권하는 방법이 바로 '스토리텔링을 활용한 카드뉴스 만들기'다.

스토리텔링을 활용해 카드뉴스 만드는 방법은 간단하다. 지금

이야 카드뉴스의 목적, 전달 메시지, 가독성 등을 고려해 10분 이내에 9~10장의 카드뉴스를 만들어낼 수 있는 실력이 있지만, 처음 카드뉴스라는 단어조차 생소할 때에는 1장을 만드는 데에도 10분이 넘게 걸렸다. 그렇게 최소한의 시간만 들여 완성도 있는 카드뉴스를 만들어내고 이를 잠재고객과 연결하는 방법을 계속해서 연구한 끝에 나온 공식이니, 그대로 따라 훈련해보면 평균 이상의 완성도 있는 카드뉴스를 만들 수 있을 것이다.

첫째, 문제를 '확인'하라

병원에 진료를 받으러 가면 처음으로 듣는 질문이 "어디가 불편해서 오셨어요?"이다. 마찬가지로 우리도 잠재고객이 어떤 상품이나 시장에 대해 가지고 있는 문제점을 확인해주어야 한다. 문제점 강조를 우선으로 하는 것이 효과적인데, 스토리텔링 카드뉴스에서는 '빚쟁이, 알코올 및 게임, 도박 중독, 은둔형 외톨이, 왕따 경험' 등의 자극적인 내용을 첫 장에 표현하면 사람들의 시선을 사로잡을 수 있다.

좀 더 구체적으로 설명하자면 현재 처한 상태나 상황을 구체적으로 설명해주는 것이다. 심각성을 강조할수록 사람들은 관심을 가지게 되고, 스토리에 공감할 준비를 시작하기 때문이다.

둘째, 충분히 '공감'하라

공감이란 잠재고객이 가진 그 문제점에 대해 우리도 충분히 공감하고 있고 해결되어야 한다고 생각하는 바를 표현하는 일이다. 이 단계에서는 감정적인 호소력이 있으면 훨씬 스토리가 풍성해지고 상대방으로 하여금 카드뉴스를 끝까지 읽게 하는 힘이 발현된다. 공감대 형성을 이루기 위해 우리가 한 노력에 대해 설명하고, 더불어 나의 전문성까지도 노출시킨다면 효과는 더욱 커진다.

기본적으로 실제 고객의 생생한 후기 자료를 활용하면 더할 나위 없이 좋다. 그렇게 충분한 공감을 주고 후기를 통해 신뢰를 얻었다면 자연스럽게 고객과 내가 만난 과정을 노출한다. 어떤 문제를 해결해줄 수 있고, 해결된다면 어떠한 부분이 좋아질 수 있는지 언급하는 것이다.

셋째, 나에게 사도록 '유도'하라

만약 상대방이 가진 문제점을 해결할 수 있다면 나에게 구매하도록 어떻게 유도할 수 있을까? 고객의 문제를 해결해주고 정당한 판매 대가를 받는 것은 사업의 기본이다. 그렇기에 나에게 해결책이 있다면 고객이 구매하기 전 마음에 걸리는 것을 우리는 이미 해결했고, 더욱더 우수한 상품이라는 사실을 설명해야 한다. 그런데 해결책이 없다고 해서 걱정할 필요는 없다. 해결책이 없다면 남들과 다른, 내가 가진 가치를 찾아 제공할 수 있으므로 다른 경쟁업체와 비교하여 우위를 지닌 부분을 강조하면 된다. 그러면서 미리 상대방에게 "이럴 땐 이런 걸 고려하세요"라고 검토할 사항을 언급하고 제안하는 방식으로 접근해도 좋다. 마지막으로 판매 아이템이 제품이라면 전문성을 알리며 세부적 기능과 스펙 등을 설명하는 것이 구매를 결정짓도록 유도할 수 있다.

성공적인 스토리텔링 카드뉴스를 소개합니다

이 공식을 통해 홍보 효과를 톡톡히 본 스토리텔링 카드뉴스를 소개하고자 한다. 유튜브 영상 한 개만을 보고 파워포인트로 간단히 만든 카드뉴스이다. 제목은 〈1억 까먹고 알게 된 100% 돈과 연결되는 말기술〉로 작성했다. 돈 한 푼 들이지 않고 돈과 연결지어 제대로 홍보한 카드뉴스다.

유튜브 영상의 주인공이 말을 잘해준 것도 있었고, 그것을 콘텐츠로 만들어 노출시킨 기획력도 빛을 발했다. 카드뉴스의 첫 시작은 문제점을 지적하고 심각성을 제기하는 '확인' 단계를 염두에 두고 만들었고, 그다음 장부터는 스토리를 풀어가며 공감을 이어

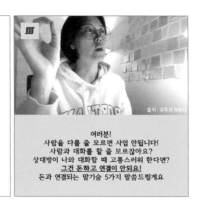

1. 상대방을 울려라

상대방을 울리면 제일 좋아요!
왜냐고요? 고백하고 나면 서럽거든요.
그럼 나머지는 후루룩 따라 오는거에요.

2. 고객의 고백을 받아내라.

상대방 니즈를 파악하지 못하고
내 할말만 계속 하면 상대방은 얼마나 지겹겠어요.
그러면 그런 사람하고는 연결 짓기 싫고
마음의 문을 닫아버리는 거에요.

3. 설명하지 말고 질문하라.

여러분들 어디 옷가게라도 가면 설명듣고 싶어요?
질문받고 싶어요? 질문받고 싶잖아요.
옷가게 가서 바지도 보고 다른것도 보고싶은데
직원이 옆에서 주구장창 설명만 하면 기쁜가요?
속으론 생각하겠죠. 다른데 가야지 하고.

4. 제품으로 클로징 하지 말자.

고객이 합정파는거 알아요? 어떤 합정이냐!
나를 구덩이에 빠트릴 합정을 팝니다.
"확실한가요?", "좋은가요?", "효과있나요?"
보통 사람들은 이때다 싶어서 제품 이야기 하겠지만,
그거 아닙니다. 제품은 마지막에 다~ 나오게 돼있어요.

5. 자존심을 굽히지 마라.

클로징은 자존심 굽혀가면서 하면 안되요.
"그렇게 믿지 못 하실거 같으면 하지 마세요.
저는 최선을 다해서 좋은 선택을 하시게끔 도와줄려고
했던거 밖에 없는데 제가 이겨 하나 판다고 벼락부자 되
는거 아닙니다" 이런 말을 과감하게 할 줄 알아야 되요.

무한대 인맥을 연결하는 콜드콜 기술과
100% 원하는 답을 얻어내는 클로징 기술로
나를 사게 하는 매출 100배의 기적을 이루고 싶다면
이 책이 여러분의 생존 무기가 되어드립니다.

갔다. 여기서는 정보를 제공해주는 방식을 채택했다. 그 이유는 스토리텔링에 정보까지 제공하면 사람들은 마치 한 장의 명언을 보는 듯한 느낌을 받아, 광고로 받아들여 넘기려는 생각을 줄일 수 있기 때문이다. 마지막 유도 단계에서는 책 표지 이미지를 넣어 실질적으로 책을 홍보했다. 책을 통해 얻을 수 있는 가치도 잊지 않고 언급하여 삽입했다.

이후 이 스토리텔링 카드뉴스는 대박을 쳤고, 인스타그램에서 좋은 점수를 얻어야 노출이 잘된다고 하는 3요소(저장+좋아요+댓글) 데이터를 최고치로 확보했다. 특히, 이 카드뉴스가 유용하다고 판단한 사람들로부터 저장 1,313개, 공유 36개, 좋아요 264개를 받았고 팔로우 숫자도 66명이 늘어난 것을 확인했다.

앞으로 단순한 광고로는 매출 상승을 기대하기 매우 어려워졌다. 마케터인 듯 마케터가 아닌 사람들도 직·간접적으로 마케팅 활동을 하고 있고, 그중에는 부업을 하려고 퍼포먼스 마케팅을 하는 사람들도 수없이 많다. 즉, 누구나 마케터라고 해도 과언이 아닐 정도이며, 실제로 우리는 여러 가지 방법으로 나 자신을 팔아야 한다. 이런 상황에서, 내가 이미 성공 사례를 만들어낸 노하우를 신뢰하여 그대로 실천해보길 바란다. 그렇게 직접 고객을 발굴하고, 고객의 문제점을 찾아 해결하며 자신만의 이야기로 매출을 올려야만 살아남을 수 있으니까.

콘텐츠 : 변신술을 써라

광고 하나 없이 고객을 사로잡는 법

아무리 잘 만든 카드뉴스라도 고객이 보지 않으면 아무 소용이 없다. 그래서 마케팅 담당자들은 광고료를 지불해서라도 카드뉴스를 보게 만들거나 미끼가 되는 '선착순 무료 증정'과 같은 이벤트를 주관하며 고객들이 카드뉴스를 클릭하도록 유도한다. 그러나 이렇게 특별한 기교나 기술을 쓰지 않고도 고객이 먼저 나를 찾아오게 만드는 비법이 있다. 바로 인스타그램을 활용하는 것이다.

인스타그램은 유튜브 또는 블로그 등 여러 SNS 중에서도 간접적으로 경험을 제공하는 데 좋은 플랫폼 중 하나이다. 인스타그램의 '릴스'를 통해 소비자는 관심 제품을 간접 경험할 수 있고, 공급자는 수익을 창출할 수 있다. 이런 기능을 이용하여 돈 들이지 않고 카드뉴스 마케팅을 하면서 동시에 릴스 자체가 상품 광고로 이어지게 할 수 있어, 두 마리 토끼를 다 잡을 수 있다.

릴스 활용하는 법

내가 릴스를 활용하는 이유는 돈을 들이지 않고도 광고 효과를 낼 수 있기 때문이다. 특히, 많은 사람들이 내 콘텐츠에 관심을 기울이게 할 수 있는 나만의 공식이 있다. 이 공식을 통해 내 콘텐츠에 관심이 생긴 사람들은 나의 인스타그램 계정에 들어오고, 내 상품과 서비스를 둘러보고 더욱 관심을 가지게 될 수 있다.

먼저, 사람들이 나의 콘텐츠에 관심을 기울이게 하는 공식은 '트래픽-유입-클릭'이다. 우선 내 콘텐츠를 보는 사람들이 많아야 나의 상품이나 서비스, 메시지를 많은 이들에게 전달할 수 있다. 여기서 가장 쉽게 사용할 수 있는 것이 인스타그램 릴스이며, 이를 활용해 트래픽을 폭발적으로 일으킬 수도 있다.

릴스를 활용하는 법은 간단하다. 릴스 첫 화면이 궁금증을 자아내느냐가 관건이다. 유튜브의 썸네일과도 비슷하다. 사람들은 썸네일을 보고 이 콘텐츠를 클릭할지 말지를 판단하기 때문에 릴스도 첫 화면이 가장 중요하다.

우선 나의 판매 상품이나 서비스를 알리는 세일즈 영상을 만들어 인스타그램의 릴스 영상으로 업로드한다. 이 영상을 보고 관심이 생긴 사람들은 내 계정으로 들어올 확률이 높다. 그다음 단계가 바로 '유입'이다. 해당 상품이나 서비스를 홍보하는 카드뉴스를 만들어 이번에는 '게시물'로 업로드한다. 이때 제품이나 서비스 장점만을 홍보하기보다 제품을 통해 얻어지는 혜택이나 효과, 후기 등을 첫 장에 노출해주는 것이 좋다. 이 과정이 있어야 마지막 단계인 구매로 이어지는 클릭까지 연결될 수 있다. 이것이 바로 돈 들이지 않고도 자신의 상품과 서비스를 광고하는 효과를 거둘 수 있는 카드뉴스 마케팅 전략이다. 잠재고객이 나를 찾아오면 내 콘텐츠를 보게 되고, 이로 인해 수익이 조금씩 발생하게 된다.

최근에 나는 인스타그램 이웃, 인친의 피드를 보다가 '꼬마 다빈치' 미술키트를 구입했다. 이 키트는 화산 폭발과 뭉크의 작품 〈절규〉를 함께 연결해서 상상해볼 수 있는 과학예술 체험 키트였다. 일곱 살 난 아들과 함께 먼저 화산 폭발 실험도 하고 뭉크의 절규 모습도 따라 해보며 재미있는 영상을 찍을 수 있었다. 그중 화산 폭발 장면 일부분을 편집해 릴스 영상으로 올렸다. 조회수가 5천 회를 넘었고, 아이가 열심히 실험에 참여하는 모습을 보며 응원하는 댓글부터, 이런 실험은 아이들이 당연히 좋아할 실험이라는 댓글도 있었다. 한마디로 이 영상을 통해 '꼬마 다빈치' 키트에 대한 상품 광고 트래픽을 5천 회 이상 발생시킨 것이다.

사실 이 제품은 나와 어떤 관계나 계약이 일체 없었지만, 아이가 재미있어 하고 예술과 연결해 상상하게 하는 목적이 참 고마웠다. 그래서 이 제품을 '트래픽-유입-클릭' 공식에 맞추어 테스트해보고 싶었다. 릴스 영상으로 트래픽을 발생시킨 뒤 나의 인스타그램 스토리에 간단한 카드뉴스 한 장을 올렸다. 사진은 분화구에

징미꽃을 꽂아둔 사진과 아들이 웃는 모습이었고, 제목은 〈화산 폭발 후 핀 장미꽃〉이라는 카드뉴스였다. 인스타그램 스토리는 24시간 이내에 누가 스토리를 확인했는지 알 수 있고, 클릭 한 번 만으로도 DM 발송이 가능하기 때문에 즉각적인 메시지를 유도하기에 최고의 기능이다.

나는 스토리를 올리자마자 여러 개의 DM을 받았다. "아이고, 아이의 상상력 최고네요", "어떻게 이런 상상을 할 수 있어요? 대박!" 등의 DM이 주를 이루었다. 이렇게 릴스로 트래픽을 일으켜 사람들의 관심을 집중시키고, 상품을 직접 체험하고 있는 모습의 카드뉴스를 만들어 올린 결과 '트래픽-유입-클릭'의 순으로, 광고처럼 보이지 않게 홍보가 가능한 카드뉴스 마케팅 공식을 확신할 수 있었다.

좋은 카드뉴스는 공들인 시간에 비례하지 않는다

이 과정에서 절대적으로 하지 말아야 할 한 가지가 있다. '과연 내가 할 수 있을까' 하는 생각이다. 이미 잘하는 사람들과 자신을 비교하는 것도 절대로 하지 않길 바란다. 주제를 선정하는 기획 단계도 막막한데, 영상까지 찍고 편집하고 만들어야 하다니, 시간과 노력은 둘째치고 '내가 할 수 있을까' 하는 의심을 가지게 되는 순간 빠르게 포기하게 되는 사태가 발생한다. 그러다 보면 고객이 나를 찾아오기는커녕 수익 창출의 기회는 없게 된다.

과거에 나는 지나치게 신중을 기하는 습관 때문에 카드뉴스 한 장을 만들더라도 1시간 이상 걸릴 정도로 어렵게 만들곤 했다. 그러나 스스로 완벽하다고 만족할 때까지 수정하고 바꾸고 시간을 많이 투자해봐도, 답은 결국 카드뉴스를 어딘가에 노출하는 것이었고, 고객의 피드백을 받아야만 콘텐츠를 변화시키는 것도 가능하다는 것을 알게 되었다. 기껏 열심히 만들어 업로드한 카드뉴스에는 반응이 전혀 없다가, 무심코 만든 카드뉴스에 사람들이 폭발적으로 반응하는 사례를 수없이 경험했기 때문이다.

지금은 카드뉴스 한 장 만드는 데 1분 이상 시간을 들이지 않는다. 전략적으로 시간을 줄였기에 여러 장의 카드뉴스를 만들 수 있어, 양으로도 밀리지 않는다. 경험이 많고 카드뉴스 마케팅 전문가여야만 가능한 일이 아니다. 어디에 포커스를 두고 집중할 것인지를 선택하면 실제 만드는 데 걸리는 에너지와 시간은 크게 줄기 때문이다.

카드뉴스 마케팅의 정석은 이처럼 내 생각이 먼저가 아니라 고객의 관점에서 콘텐츠를 생각하여, 빠르고 쉽게 만드는 것이다. 그래야만 업로드한 뒤 반응을 살피고, 빠르게 변형시켜 새로운 카드뉴스를 빠르고 다양하게 생산할 수 있다.

나는 이를 '변신술을 쓰는 콘텐츠'라고 부른다. 이때 디자인이나 완벽함 따위는 내려놓는다. 즉 스피드와 콘텐츠 양으로 승부를 보기 위해, 겨우 텍스트 몇 자로 디자인 요소가 거의 반영되지 않은 심플한 카드뉴스를 만들어 노출한다. 따라서 내가 만든 카드뉴스를 보면 누구라도 쉽게 따라 할 수 있다. 결과적으로는 카드뉴스 한 장이라도 돈과 연결되는 수익구조를 염두에 두고 만든 콘텐츠가 대부분이다.

광고지만 광고 같지 않게 팔아라

내가 집중하는 카드뉴스 마케팅은 단순히 보기 좋은 카드뉴스 한 장을 잘 만들어 반응을 일으키는 것으로 그치는 것이 아니다. 카드뉴스로 사람들의 반응을 일으켰다면 다음은 나의 브랜드 파워를 가져가야 하며, 이것이 돈으로 연결되어 수익화할 수 있는 비즈니스 마케팅이다. 이제 여러분은 실패 시간을 줄이는 마케팅 전략을 짧은 시간 안에 득템할 수 있다!

마케팅 업계에 8년 이상 몸담아왔지만, 단숨에 수익구조를 만들 수 있는 경우는 단 한 번도 없었다. 다이어트를 할 때 식단관리도 해야 하고 운동도 병행하며 나와의 싸움에서 이겨냈을 때 원하는 결과를 얻을 수 있는 것처럼, 오히려 실패 경험을 빠르게, 많이 쌓아두는 것이 지금의 자산으로 이어졌다. 쉽게 된 것은 하나도 없었다. 그래서 '어떻게 하면 내 콘텐츠를 보게 할까?', '나라면 이런 상황에 어떤 것에 관심이 생길까?' 항상 고민했고 그렇게 하나씩 엉킨 실타래를 풀듯 카드뉴스를 올려보기 시작했다. 그러면서 깨달은 한 가지가 바로 카드뉴스로 과정을 노출해야만 '사세요'에서 '주세요'로 바뀐다는 것이다.

과정을 노출한다는 것이 조금 어렵게 느껴질 수 있지만, 한 가지만 기억하면 된다. 지금 내가 하고 있는 일을 간단한 사진 한 장에 담아 간단한 텍스트 한 줄을 넣은 카드뉴스 한 장이면 된다. 지금 내가 하고 있는 일을 보여주면, 사람들은 그것이 점점 되어가는 과정을 주시한다. 안 보는 것 같아도 늘 주시하고 있기 때문에 지금 현재 하고 있는 일의 과정을 꾸준히 카드뉴스로 노출하는 것이 방법이다.

'꼬마 다빈치' 과학 키트 릴스 영상을 올리고 스토리에 카드뉴스를 올리고 나서, DM으로 연락이 왔을 때에도 사실 한 명이라도 그 제품을 샀을까 의문스러웠다. 그런데 어느 날 인스타그램 활동은 잘 하지 않고 눈팅만 하던 고등학교 시절의 친구가, 나의 스토리에서 아들이 화산 폭발 실험을 하는 카드뉴스를 보고 조카를 위해 그 키트를 구입했다고 연락해왔다.

이처럼 카드뉴스 마케팅으로 수익까지 연결하려면 아이템이 필요한데, 먼저 카드뉴스 한 장으로 수익성을 테스트해보길 추천한다. 심플하게 텍스트 몇 자 적은 카드뉴스를 만들고 인스타그램 릴스, 스토리 또는 블로그 등의 SNS 채널에 업로드해보는 것이다. 그리고 반응을 살펴본 후 반응이 없으면 그때부터 콘텐츠를 개선하면 된다. 이러한 시도들마저 마케팅이 되는 과정이기 때문이다.

지속적으로 무엇인가 시도하고 그것을 카드뉴스로 알리려는 노력에 대해 사람들은 신뢰하게 되고, 광고지만 광고라고 여기지 않게 되는 것이다. 카드뉴스에서 '사세요'라고 홍보하기보다는 내가 하고 있는 일을 과정으로 보여주는 것이 나를 포지셔닝하며 차별화까지 할 수 있는 최고의 전략이자 마케팅이다.

실패 데이터를 빨리 모아라

내가 광고대행사에서 실무 경험을 쌓고, 광고주와 수많은 미팅을 통해 커뮤니케이션을 하며, 마케팅 강의와 컨설팅을 통해 다양한 사람들을 접하면서 생각한 것은 '내가 이들에게 어떤 도움을 줄 수 있을까'였다. 실무를 하다 보면 대부분 안 되는 이유를 들고, 울상인 경우가 많은 탓에 나는 되는 이유를 증명해 보이고 싶었다. 그렇게 실패의 경험이 쌓이는 것을 감수하며 데이터를 모았고, 이 데이터가 큰 자산이 되었다. 덕분에 과정을 보여주는 것이 마케팅이 되어 매출로 이어진다는 것을 깨닫게 되었고, 제품이나 서비스가 아니라 먼저 나를 알리는 퍼스널 브랜딩까지 자연스레 습득하게 되었다.

내가 어떤 사람인지 알리고 나의 브랜드를 키워나가는 일은 이제 더 이상 선택이 아닌 필수이다. 특히 SNS에서는 신뢰가 가장 중요하다. 내가 어떤 사람인지, 어떤 메시지를 꾸준하게 반복적으로 노출하고 있는지를 통해 신뢰를 주어야 사람들은 나의 상품을 믿고 구매하려 한다. 그래서 나는 인스타그램 계정에서도 콘텐츠 콘셉트부터 브랜드 컬러, 말투 하나하나까지 모두 바꿨다. 심지어 사람들이 나를 어떻게 불러야 할지 고민하며 프로필 이름까지 '에스엠마케팅 대표 설미리'로 변경했다. 그러자 사람들이 '설 대표님'이라는 호칭으로 댓글을 달아주고 있다. 나를 전문가로 인식하게 하고, 신뢰를 주기 위한 프레임과 전략이 제대로 효과를 발휘하는 것이다.

이 세상에서 뭐든지 저절로 되는 것은 없었다. 기도도 하면서 막연하게 잘되길 빌어봤지만 나에게만큼은 그러한 행운이 찾아오지 않았다. 다만 철저하게 전략을 세우고 수익화 설계를 하며, 넘어지고 실패해보면서 깨달은 디지털 자산만이 나에게 수익을 가져다주었다.

2장

고객과 소통하는
카드뉴스 마케팅
전략 15

카드뉴스는
첫 페이지가 다한다

카드뉴스도 소개팅처럼

남녀가 서로 소개팅을 할 때는 거의 첫눈에 '마음에 든다', '안 든다'를 빠르게 느끼고 판단하곤 한다. 서로 몇 마디 나누어보지도 않은 상태에서 이처럼 빠르게 상대를 판단하는 근거는 바로 상대방으로부터 전달되는 이미지 때문이다. 즉 우리는 상대의 첫인상 이미지를 보고 나름대로 판단의 회로를 돌리는 것이다.

첫인상이 중요한 이유는 우리가 첫 이미지의 느낌을 오랫동안 기억하기 때문이다. 첫인상에 대한 느낌이 좋지 않다면 아무리 상대방이 좋은 면을 가지고 있어도, 그것을 알고 싶어 하거나 보고 싶어 하지 않을 수 있다. 첫인상의 느낌이 좋다면 사람들은 상대를 더 궁금해하고 마음으로부터 끌릴 수 있다. 또한 첫인상이 좋으면 신뢰 관계를 형성하는 데에도 긍정적인 요소가 된다.

카드뉴스에서도 첫인상이 중요하다. 그리고 좋은 첫인상을 주려면 첫 페이지에서 끌리는 이미지, 한마디로 좋은 이미지를 고객에게 각인시켜야 한다. 그래야 사람들이 카드뉴스를 클릭해서 더볼지 말지를 판단하게 된다. 즉, 상대방이 원하는 메시지를 첫 페이지에서 전달하는 일이 필수다. 다시 말하면 첫 페이지는 반드시 궁금증을 부르는 매력이 있어야 한다. 그러면 카드뉴스의 첫 페이지는 어떤 조건을 가져야 할까?

고객일 때의 첫 느낌을 기억하라

사실 SNS상에서 카드뉴스로 사람들에게 매력적인 첫인상을 부여하기 위해서는 상대의 마음을 알아주어야 한다. 사람들은 보통 자신과 같은 생각을 하는 사람들에게 마음을 열고 관심을 보내며 공감대를 형성한다. 그렇다면 상대방의 마음을 어떻게 알 수 있을까?

가장 쉽게 접근할 수 있는 방법은 바로 내가 '누군가의 고객'이 되는 것이다. 우리는 모두 누군가의 고객으로 살아간다. 그러므로 내가 고객을 상대하는 입장이라면 내가 파는 물건, 내가 파는 상품의 고객 입장이 되어 다른 사람들처럼 내 제품과 서비스에 대해 판단해보는 것이 필요하다. 이는 고객의 관점과 생각을 배우는 과정이기도 하지만, 내가 고객일 때의 '첫 느낌을 기억하라'는 말이기도 하다. 처음 접한 곳에서 받은 첫 느낌과 가장 궁금한 것,

무엇이 가장 필요한 것인지에 대한 생각이 바로 내 잠재고객의 마음이 될 수 있기 때문이다.

카드뉴스와 콜드콜은 같다

최근에 나는 참여하고 있던 새벽 독서 커뮤니티에서 '카드뉴스 한 장만으로도 고객을 모으는 특별한 카드뉴스 마케팅 비법' 특강을 진행한 적이 있다. 실제로 나는 카드뉴스 한 장으로 잠재고객을 모아 매출로 연결 짓는 활동을 하고 있기 때문에, 특강에 참여한 모든 분들에게 찬사를 받았고, 성공적으로 특강을 마쳤다. 참여자 중 한 명은 후기에 이런 말을 남겼다.

"카드뉴스는 정말 콜드콜과 같은 거였네요."

이 말을 들으며 정말 카드뉴스와 콜드콜이 너무나도 많이 닮아 있다는 것을 다시 한번 깨달았다. 불특정 다수에게 전단지를 배포하는 것도, 모르는 누군가에게 콜드콜을 하며 세일즈를 하는 이유도 결국 목적은 매출 향상이다. 콜드콜에서 혜택이 매력적이지 않거나 첫 문장이 짧고 강력하지 않다면 사람들은 관심을 두지 않고 전화를 끊어버린다. 카드뉴스 역시 첫 문장이 매력 없으면 그다음 장으로 클릭이 유도되지 않는다. 카드뉴스 역시 SNS상에서 콘텐츠로 사람들의 관심을 집중시키고 매출을 높이는 데 일조하는 강력한 마케팅 도구인 것이다.

첫 페이지와 주제 선정은 이렇게 하자

눈길을 사로잡고, 첫인상을 강렬히 주기 위해서는 카드뉴스의 첫 페이지, 첫 문장이 굉장히 중요하다. 사람들이 계속 카드뉴스를 보게 하려면 첫 페이지에 '결론부터' 이야기해야 한다. 왜냐하면 사람들은 장황한 설명을 듣고 싶어 하지 않으며, 웬만한 SNS 고객들은 이 카드뉴스가 어떠한 이야기를 할지 뻔히 예상하기 때문이다. 호기심을 유발하지 않으므로, 특별히 관심을 둘 이유가 없는 것이다.

그렇기에 카드뉴스의 첫 문장에서 한 가지 이슈를 결론부터 말하고, 그다음으로 그 근거를 설명하는 것이 사람들을 설득하기에 자연스러운 프로세스가 된다. 이에 따라 첫 페이지에는 '호기심 자극', '숫자', '비교', '공포', '정보' 등의 요소가 들어가는 것이 좋다.

나는 최근에 〈퍼스널 브랜딩 핵심 특강! 스토리텔링 잘하는 법〉이라는 정보성 카드뉴스를 만들어 인스타그램에 올렸다. 그리고 설명 부분에는 스토리텔링을 잘하기 위한 방법을 올렸다. 그러자 이 카드뉴스를 사람들이 공유하기 시작했고, 이 콘텐츠를 저장하기 시작했다.

내가 카드뉴스 특강이나 코칭을 하면서 가장 많이 느낀 점은 많은 이들이 '주제 선정'에 대해 어려움을 호소한다는 것이다. 어떤 카드뉴스를 만들어야 할지 모르기 때문에 막연하고, 행동으로 이어지는 것이 어렵다고들 말한다.

나는 주제를 선정할 때, 내 고객이 무엇을 궁금해할까 고민하는 것에서부터 시작한다. 그러면 내가 그간 고객으로부터 받은 질문들을 염두에 두고 카드뉴스를 만들 수 있다. 다만, 나와 같이 누군가에게 방법을 전달하고 가르치는 경우가 아니라면 그다음으로 카드뉴스 주제를 선정하는 데 가장 쉬운 방법은 바로 '내 생각'을 카드뉴스로 만드는 것이라고 가이드한다. 사실상 주제 선정이 어려워서 마케팅을 하지 못하면 성장에 도움이 되지 않기에, 카드 뉴스로의 접근은 언제든지 재미있고 쉬워야 한다. 내가 '내 생각' 카드뉴스를 만들어 노출하라고 하는 이유는 사람들은 자신과 같은 생각을 하는 사람들에게 관심을 두고 공감을 얻기 때문이다. 매일매일 내 생각을 카드뉴스 한 장으로 SNS에 올리면 처음 시작은 미약할 수 있지만, 그것이 누적될수록 내 SNS에 찾아오는 이들이 점차 늘어나게 될 것이다.

첫 문장의 카피가 전부다

카드뉴스 첫 문장을 결정하는 힘은 강력한 카피 한 줄에 있다. 첫 문장으로 사람들의 시선을 사로잡기도 하지만 한 문장으로 10배 이상의 매출 차이를 가져다주기도 하기 때문이다.

10년 전 20대에 만나 여전히 어제 만난 사이처럼 편한 지인이 있다. 지인 역시 마케팅 코치로 활동하며 현재는 억대 연봉의 CEO다. 그는 "마케팅 여왕은 마케팅을 하지 않습니다"라는 한 문장으로 활발히 마케팅 활동을 하고 있다.

마케팅을 하지 않는다는 한마디로 억대 연봉이 되었다는 것은 사실상 명확한 데이터로 증명하기 어렵지만, 사람들은 첫 한마디에 그 사람을 인식하게 되었고 그 사람의 상품을 궁금해했다. 마케팅에서 한마디 메시지가 중요하듯 카드뉴스 첫 문장이 가장 중요한 것은 확실하다.

다시 말하지만 카드뉴스는 첫 문장의 카피가 전부라고 해도 과언이 아니다. 물론 깔끔하고 잘 만들어진 디자인의 카드뉴스는 보기에도 좋은 콘텐츠이지만, 그보다 강력한 것은 사람들이 듣고자 하는 말이다. 그렇기 때문에 첫 문장에 강력한 핵심 메시지를 전하며 사람들의 마음까지 빼앗는 카드뉴스 카피 작성법을 알아두어야 한다.

내가 제안하는 인상적인 첫 문장 카피 작성법은 다음 세 가지다.

첫째, 고객이 되어본다

나의 상품을 내가 객관적으로 보기란 쉽지 않다. 그렇기 때문에 나도 누군가의 고객이 되어 첫 느낌을 느껴봐야 한다. 그래야 내 브랜드에 대한 사람들의 생각과 느낌을 알 수 있고, 확인할 수 있다. 따라서 고객이 되어보는 과정을 경험하고 그들이 속한 커뮤니티에서 활동을 해보며 그들이 하는 언어, 관점, 흐름, 질문 등을 파악해야 고객의 마음을 꿰뚫는 카드뉴스 핵심 첫 문장을 만들어 낼 수 있다.

둘째, 첫 문장은 무조건 쉽고 재미있게 작성한다

접근 방법이 어렵거나 설명을 들었는데도 머릿속에 남지 않으면 그것은 꾸준할 수 없다. 벤치마킹을 한다고 해도 하나같이 어렵고 나와는 거리가 느껴진다면, 가장 쉽게는 지금 당장 할 수 있는 것을 하는 것이 전략이다. 그렇기에 당장 할 수 있는 지금의 내 생각, 어려우면 무엇이 어려웠으며 그것을 어떻게 극복했는지 등 지금 내가 처한 상황에서의 내 생각을 카드뉴스로 만들어 SNS에 홍보하라는 것이다. 쉽고 재미있게 해야 꾸준하게 할 수 있고, 예전에 나도 그랬었다고 다른 이들에게 해줄 수 있는 말도 생겨나게 된다.

셋째, 짧고 단순하게 작성하라

말이 길어지면 사람들은 어렵게 느끼고, 기억하기도 쉽지 않다. 사람들이 기억할 수 있는 1~2개의 단어만 짚어가며 짧게 문장을 써야 사람들이 메시지에 반응하기 시작한다. 모든 것을 다 설명할 필요는 없다. 모든 것을 다 설명해도 기억하지 못한다면 그것은 안 하느니만 못한 결과만 있을 뿐이다. 가장 중요한 핵심 문장 한 가지를 카드뉴스 첫 페이지에 배치하고, 이에 대한 설명을 짧고 단순하게 하는 것이 카드뉴스 마케팅의 기본이다.

카드뉴스는 정말 첫 페이지가 다한다. 늘 떠날 준비가 되어 있고, 늘 바쁘기만 한 사람들에게 내가 하고 싶은 말을 끝까지 하기에는 시간이 너무도 짧다. 그 짧은 시간 안에 나를 알릴 수 있는 방법은 첫 페이지, 첫 문장에서 승부를 거는 것이다. 카드뉴스 첫 페이지에 무엇을 말해야 고객의 마음을 뚫고 들어갈 수 있는지 기억하자.

트래픽과 클릭을 유발하는 '3초의 시선 끌기'

사람들이 이야기할 만한 스토리를 팔아라!

"여자 말을 진짜 잘 듣자."

점심을 먹으러 간 식당에서 나눠준 1회용 앞치마에 쓰여 있는 문구가 눈에 띄었다. 나는 이 문구를 보자마자 사진을 찍었다. 생각할 겨를도 없이 머릿속에 한 사람, 남편이 떠올랐다. 흔들림도 없이 깔끔하게 사진을 찍어 남편에게 보내주었더니, 박장대소하는 반응이었다. 그 사진과 함께 남편과 나눈 문자 대화를 캡처해 내가 운영하는 인스타그램에 올렸다. 사진을 찍고 남편에게 전송까지 하는 데 걸린 시간은 단 3초에 불과했다.

그런데 이 게시물 하나가 상상 이상의 파급력을 가져왔다. 10만여 명 이상이 나의 게시물을 봤다. 사람들은 이 게시물을 다른 이들에게 공유하기 시작했고, 게시물 저장도 서슴지 않았으며 댓글

도 쉼 없이 달았다.

'사람들은 왜 이 게시물에 반응했을까?' '나는 왜 이 게시물을 인스타그램에 올려야겠다고 생각했지?' 등의 궁금증이 생겼다. 일반적으로 식당에서 사용하는 앞치마를 떠올려보자. 짙은 색의 무미건조한 앞치마가 떠오를 뿐 특별히 머릿속에 남는 것은 없을 것이다. '여자 말을 진짜 잘 듣자'라는 문구를 보자마자 사진을 찍어 남편에게 보낸 것은 내가 하면 잔소리 같고 들어봤자 뻔한 이야기처럼 느껴지는 말을, 남이 나를 대신하여 대변해주는 듯한 느낌이 들었기 때문이다. 그리고 실제로 너무 무겁지도 않으면서 은근하게 뼈를 때리는 그 한마디가 사람들의 시선을 사로잡았던 것이다.

이 게시물은 사람들의 시선을 사로잡기만 한 것이 아니다. 문구만 놓고 생각하면 분명 여자가 남자에게 전달하는 것이 맞다.

그런데 남자들도 나의 게시물에 반응했다. 남자들이 마치 자신의 실수를 인정하듯, 앞으로 잘하겠다는 의사 표현을 하듯 내 게시물에 댓글을 남기는 것이었다. 또 댓글로 상대방을 참여하게 하는 기능이 있는데, 자신들이 스스로 지인들을 나의 계정에 유입시켰다. 나는 일상의 콘텐츠를 내 인스타그램 계정에 업로드했을 뿐인데 자연스럽게 트래픽과 클릭이 발생했고, 동시에 내 계정은 유입된 사람들을 연결 짓는 소통창구로 이어지게 된 것이다.

틀에서 벗어나라

사람들이 반응하는 콘텐츠를 만드는 것은 어렵지 않다. 늘 해오던 방식과 틀에서 벗어나 발상을 자유롭게 하면 된다. 내가 10만 명 이상의 사람들에게 보여줄 수 있었던 콘텐츠도 새로운 것이 아니다. '마누라 말을 잘 들으면 자다가도 떡이 생긴다'라는, 오래전부터 쓰이던 말도 이미 있었다. 이것을 콘텐츠로 활용하고 생산하려는 공급자적 발상을 하는 이들이 없었을 뿐이다.

사람들의 시선을 사로잡는 특별함은 자신으로부터 나온다. 나 자신의 모든 일상은 콘텐츠 소재이자 아이디어 뱅크이며, 나만의 상품이 되기 때문이다. 단지 그 가치를 과소평가하고 특별하지 않다고 생각하여 늘 새로움을 찾게 되는 것이다.

세상에 정답이 있을 수 있을까? 정답이 있다면 우리에게는 실수도 없고, 틀리고 넘어지는 과정도 없어야 할 것이다. 정답이 없기 때문에 자유로운 발상으로 사람들의 시선을 사로잡는 나만의 콘텐츠를 발견할 수 있다. 남이 하는 방식대로 따라 하기만 하면 비즈니스에서 힘과 지속력을 가져가기 어렵다. 즉, 나만의 콘텐츠와 상품이 없는 비즈니스는 무기 없이 전쟁터에 나가는 것이며, 내용물이 쏙 빠진 삼각김밥을 먹는 것처럼 어이없는 일이다.

소비자는 알고 있다

나는 몇 년 전부터 경영 커뮤니티에 참여하여 경영에 관한 공부와 새벽 독서를 이어가는 중이다. 모임의 이름은 'MJKU 새벽독서 경제경영 커뮤니티'인데, 이 커뮤니티의 리더 김민정 대표는 "인생을 클로징한다"라는 원칙을 가지고 있다. 김 대표는 뻔하고 겉도는 소통은 하지 않는다. 한 사람 한 사람에게 집요하게 집중하고 삶을 들여다보려 애쓰며 상대방이 가지고 있는 문제가 무엇인지, 어떻게 도움을 줄 수 있을지 항상 고민한다. 한국에는 몇 없는, 손에 꼽히는 사업가다. 김 대표가 강조하는 '인생 클로징'에 나는 대공감하고 동의한다.

우리는 눈만 뜨면 광고 콘텐츠를 소비한다. 그럴싸해 보이는 광고도 결국은 제품과 서비스의 우월성을 강조하기 바쁘다. 소비자는 이미 알고 있다. 광고인지 아닌지를.

그럼에도 비즈니스에서 광고는 필수적이다. 이때 생존 전략은 단 한 가지다. 바로 광고이지만 광고처럼 보이지 않도록 나만의 콘텐츠로 승부를 보는 것이다. 사람에게 집중하고 사람들이 이야기할 만한 스토리를 팔아야 한다. 이것이 인생 클로징이자 사람들의 시선을 나에게 고정시킬 수 있는 유일한 대책이다.

모든 비즈니스에서 가장 기본이자 본질은 내가 바로 서야 한다는 것이다. 고객이 나를 선택해야 하는 이유, 왜 이 일을 하며 이 일을 통해 얻고자 하는 것은 무엇인지 내 생각이 정리되어 있지 않다면 아무리 좋은 기술이 있다고 해도 바람에 날리는 갈대처럼 세파에 쉽게 흔들리고 말 것이다. 내가 고객에게 줄 수 있는 것에도 우선순위가 있다. 제품이나 서비스 등을 우선시한다면 돈을 쫓게 되어 뻔한 스토리가 전달될 것이다. 고객은 뻔한 스토리를 원하지 않는다. 누군가는 하지 못하는 일을 내가 대신할 수 있는 용기도 있어야 한다. 내가 남을 대변해 전해줄 수 있는 스토리를 팔고, 고객의 삶을 들여다볼 줄 알아야 한다.

집중, 또 집중

그렇다면 '뻔하지 않은' 스토리가 나오지 않기 위해 사람에게 집중하는 방법은 무엇일까? 내가 생각하는 가장 최우선 조건은 시간을 마음껏 투자하는 것이다. 먼저 나와 마주하고 나를 돌아보는 시간은 큰 위력이 있다. 내가 바로 서야 여유도 생기는 법이고 고객을 위하는 마음도 생긴다.

나는 성공을 위해 1억 이상의 돈을 투자했다. 기술을 습득하기 위해 유명인을 찾아가 노하우를 묻기도 했다. 그러나 같은 방향을 바라보는 파트너십이 아닌, 누군가의 도구가 되어야 했던 과정들 속에서 언제나 리스크는 나 혼자 감당해야 했다. 정말 많이 틀렸고 빚도 생겼고 사람도 잃었다. 당시에는 큰 빚이 생겼다는 절망감 때문에 나를 자책하고 상대방을 원망했다. 아무도 나를 찾지 못하도록 모든 활동을 중단하기도 했다. 그러나 그런 과정과 경험이 있었기에, 같은 실수를 반복하지 않을 큰 자산을 취득했다. 그리고 새벽 독서 커뮤니티를 통해 점차 세상 밖으로 나올 용기를 낼 수 있었다.

그렇게 다시 시작할 용기가 생기고 나서 사람들을 돌아보니 나와 같은 상황과 처지에 놓인 이들을 도와야겠다는 사명감이 생겼다. 과거에는 사람들은 무조건 돈을 좋아하니까, 매출을 올려주면 내 할 일을 다한 것이라고 생각했다. 그러나 그게 전부가 아니라는 것을 깨닫자, 상대방의 삶과 인생이 보이기 시작했다.

3초로 승부!

사람들이 이야기할 만한 스토리를 팔아보자. 스토리의 힘은 위대하다. 사람들이 나의 콘텐츠를 보자마자 이해하고 누군가를 떠올려 공유하고 저장하는 데 걸린 시간은 불과 3초 이내였다. 이런 콘텐츠야말로 사람들의 시선을 사로잡아 나에게 오게 하는 생존 마케팅 전략이다. 이처럼 광고이지만 광고가 아닌 콘텐츠로 소비자와 소통할 수 있다.

10만 명 이상의 사람들에게 나의 콘텐츠를 보여주는 데 드는 비용은 굳이 따지자면 점심값 6천 원 정도에 불과했다. 나와 비슷한 상황을 느끼는 사람들에게 나의 콘텐츠를 보여주고, 이를 통해 사람들이 어떤 콘텐츠에 반응하는지, 반응하는 콘텐츠를 활용해 나와 돈, 사람을 연결하는 전략을 확보할 수 있었다. 내가 만약 그날 그 식당에 가지 않았다면 그 기회를 놓쳤을 것이라 생각하니 식당 간판을 보고 들어가기로 결심한 그 3초의 순간은 나에게도 결정적인 타이밍이었다는 것이 새삼 느껴진다.

콘텐츠란 일상의 작은 것에서부터 출발한다. 공감을 일으키고 사람들의 마음을 울렸다면 그것이 바로 트래픽과 클릭을 불러온다. 트래픽을 만들고 클릭하게 하는 것은 그리 어렵지 않다. 고객이 원하는 것은 제품이 아니라 3초의 시선을 사로잡는 스토리라는 것을 머릿속에 새겨야 한다.

설득하지 말고
상상하게 하라

이 영상을 왜 1만 명이 넘는 사람들이 시청했을까?

앞에서 카드뉴스의 핵심은 첫 페이지가 다한다고 강조했다. 특히 카드뉴스 첫 장의 카피가 가장 중요하다고 언급했다. 그러나 카피가 없어도 첫 페이지에 카드뉴스의 핵심을 담을 방법은 얼마든지 있다. 이제부터 소개할 사례는 카피 없이도 카드뉴스 첫 장으로 사람들의 시선을 사로잡고 상상하게 만드는 방법이다.

내게는 단 한 명의 비즈니스 파트너가 있다. 유일한 파트너라고 할 수 있는데, 서로 살고 있는 지역이 다르고 물리적인 거리는 오히려 꽤 멀다고 할 수 있다. 간혹 오프라인에서 만남을 갖기도 하지만 주로 온라인상에서 미팅을 하므로 물리적 거리는 문제가 되지 않는다.

어느 날 스타트업의 대표자를 만나 비즈니스 코칭을 하는 미팅이 생겼다. 파트너와 함께 서울역 스타벅스에서 만나기로 했다. 그런데 그때 처음 알았다. 서울역 부근에 스타벅스가 정말 많다는 것을.

A 스타벅스로 가야 하는데, 나는 C 스타벅스에서 그들을 찾았다. 무더운 여름날, 그렇게 먼 길을 돌고 돌아 겨우 A 스타벅스를 찾았는데, 그냥 들어가기엔 뭔가 아쉬웠다. 그 과정을 남겨야겠다는 생각에 매장에 들어가기 전부터 사람들이 있는 자리까지 이동하는 장면을 영상으로 찍었다. 그리고 이 영상을 빠르게 배속으로 편집해 나의 인스타그램 릴스로 업로드했다.

사실 이 영상은 어떤 목적도 염두에 두고 올린 것이 아니었다. 순수하게 무더운 여름날에 사람을 찾아 헤맨 내 모습을 담아, 내가 만날 사람들을 찾는 영상을 찍은 것일 뿐이다. 그런데 이 영상 조회수가 1만을 넘어섰다. 영상 첫 화면에는 아무런 카피도 쓰지 않았다. 다만, 스타벅스 매장과 매장 앞 넓은 인도만 보일 뿐이었다. 이 영상을 왜 1만 명이 넘는 사람들이 시청했을까?

시선을 사로잡는 요인은 상상력

이 영상을 볼 때마다 나도 의문이 들었지만, 이제는 왜 이런 조회수가 나왔는지 알게 됐다. 바로 첫 장면 이후의 장면이 어떤 것일지 궁금하게 하고, 유저들로 하여금 그다음 장면을 상상하게 만들었기 때문이다.

내가 올린 영상의 첫 화면은 스타벅스 매장 앞 공터를 걸어가는 사람의 뒤꿈치만 살짝 찍은 사진을 오른쪽에 보일 듯 말 듯 노출한 것이다. 이 첫 화면을 보면 사람들은 그 사람 뒤로 다른 사람들이 나란히 나오는 장면을 상상하게 된다. 그러나 내 릴스 영상에는 사람이 나오지 않는다. 내가 스마트폰을 들고 뛰어가면서 찍은 바닥만 어지럽게 나올 뿐이다. 그러나 이 첫 화면만 보고 사람들은 뒤이어 나올 여러 인물들을 기대했을 것이다. 그래서 이 영상이 많은 조회수를 기록한 것이라 생각한다.

이 영상의 조회수를 보고 나는 콘텐츠의 생명은 역시 첫 화면에서 사람들의 시선을 사로잡는 것이어야 한다는 진리를 다시 한번 깨달았다. 또한 이렇게 시선을 사로잡아 상상하도록 만들면, 굳이 설득하는 과정 없이도 상상하지 못할 결과를 얻어낼 수 있다는 결론도 함께 얻었다.

말보다 서비스로 승부하라

나는 고객들에게 절대 내 제품에 대한 서비스가 좋다고 '말로'

설명하지 않는다. 그 대신 고객이 갖고 있던 문제점과 처한 상황을 깊이 있게 파고들어, 충분한 상담을 거친 뒤에 내가 '줄 수 있는' 서비스를 맞춤 제공한다.

최근에 일곱 살 아들과 미술 재료를 사러 나간 적이 있다. 가는 길목에 한 아주머니가 서 있었는데, 왠지 멀리에서 서 있는 모습만 봐도 영업을 하려는 듯 보였다. 아니나 다를까, 근처에 다가서자마자 쇼핑백을 내 손에 쥐어주며 분양 사무실에 가보라는 멘트를 날렸다. 관심도 없었지만 일곱 살 아이와 함께 갈 상황이 아니었기에 뿌리쳤는데, 그다음 돌아오는 아주머니의 말이 내 기분을 상하게 만들었다. "언니~ 분양 사무실 한 번만 가자. 그래야 이 아줌마가 월급을 받아"라는 말이었다.

나는 이 한마디를 듣고 '자신의 월급을 위해 내가 도구로 쓰여야 한다는 것인가'라는 생각이 들어 언짢았다. 차라리 "아이고 우리 아가, 몇 살이야? 엄청 귀엽게 생겼네. 나도 이맘 때 애들 키워보니까 애한테 뭐 하나라도 남기고 싶은 생각이 들었는데 그걸 너무 늦게 알았어요. 젊은 엄마는 나처럼 안 그랬으면 하는 마음에서 권하는데, 여기 바로 앞이 분양 사무실이라 무척 가까워요. 한번 구경하고 가요"라고 말했다면 어땠을까? 그랬더라면 나도 먼 훗날 내 자녀의 모습을 상상하며 남겨줄 것이 무엇인지 생각하지 않았을까.

나는 영업을 하더라도 오히려 이렇게 작은 말 한마디에 진심을 보여주는 사람에게 끌린다. 말 한마디가 사람의 기분을 좋게도 하고 나쁘게도 할 수 있다는 것을 너무나도 잘 알기 때문이다. 그러나 처음 마케팅 코칭을 했을 때, 나도 내 말을 하기에 바빴다. 남들은 쉽게 되는 것도 나는 노력해야만 얻어지는 일이 많았고, 틀려도 너무 많이 틀려본 경험이 있었기에, 내가 옳고 정답이라는 자만심을 가지고 코칭을 했다. 그래서 한편으로는 고객의 마음을 너무도 몰랐다. 그렇게 내 관점에서만 생각했기에 마케팅 코치에서 사업가로 확장하려고 했을 때 한계에 걸려 넘어지고 말았던 것이다. 그러나 이후 작은 일에서부터 고객의 마음을 알고, 말 한마디도 고객의 관점에서 생각하고 스스로 상상하게 만드는 진심으로 관심을 기울이며 그들의 스토리를 퍼스널 브랜딩하는 방법을 가이드하면서 점차 비즈니스가 확장되어갔다.

무형을 팔더라도 실체로 접근하라

요즘 내가 가장 시간을 많이 들여 공부하는 분야는 퍼스널 브랜딩과 SNS 마케팅 코칭이다. 나는 브랜딩을 하고 마케팅을 할 때 단 한 번도 상품만을 놓고 '내 것 사세요'라는 식으로 사람들을 설득하지 않는다. 아무리 설득한다고 해도 그 설득이 아무런 대가 없이 지속되기는 힘들다는 것을 알기 때문이다. 어쩌다 한두 번 내게 코칭을 받기 위해 수강료를 낼 수는 있어도, 지속적으로 비용을 지불하기는 힘들다. 무엇보다 내가 하는 코칭은 마케팅과 브랜딩이라는 '무형의 상품'을 판매하는 것이므로 더더욱 '실체'를 보여주어야 꾸준히 매출을 올릴 수 있다.

나는 무형도 유형의 제품인 듯 판매해야 한다는 사실을 깨달으면서 항상 '설득하지 않고도 사람들이 나에게 관심을 가질 방법'은 뭐가 있을지 수없이 고민했다.

무형의 상품을 판매하면 찔러보기식 문의를 많이 받게 된다. 물론 수강료를 내는 고객 입장에서 문의는 당연한 것이다. 그리고 여러 번의 경험으로 미루어보아 내가 어떤 사람인지 더 자세히 알고 싶어 여러 가지 질문을 해오는 경우도 많다. 그 또한 충분히 이해한다. 나도 누군가의 고객이기도 하니까.

그래서 나는 내 고객들이 나와 함께했을 때 특별해지는 순간을 상상하게 해주고 싶었다. 내가 고객이라도 내 상품에 반하게 할 방법과 어떠한 서비스를 줄 것인가에 대해서도 고민했다. 그리고 수많은 시행착오를 겪으면서, 설득하지 않고도 사람들이 궁금하게 만들 방법을 알아냈다. 그것은 바로 '미리 보여주기'이다.

나는 내가 실제로 코칭을 하는 모습, 그 상품을 실제로 서비스 받고 있는 수강생들과의 줌(Zoom) 미팅 모습 등을 사진과 텍스트로 조합한 카드뉴스를 만들었다. '퍼스널 브랜딩 코칭합니다! 문의 주세요'보다는 '퍼스널 브랜딩 코칭하는 법'이라는 카피로 카드뉴스를 만들었을 때 문의해오는 고객들이 많았고, 질문 자체가 다름을 알 수 있었다. '수강료 얼마예요?', '거긴 주 몇 회 진행이고 커리큘럼이 어떻게 돼요?' 하는 기본적인 질문이 아닌 '선생님, 제가 퍼스널 브랜딩을 수강하면 잘 따라갈 수 있을까요?'로 질문이 바뀌었던 것이다. 실제로 나의 인스타그램에 업로드된 '퍼스널 브랜딩 코칭하는 법'이라는 콘텐츠 덕분에 지금의 소중한 수강생들을 만날 수 있었다.

나의 상품을 짧게나마 미리 보여주면 사람들은 '아, 나도 이 사람에게 수강하게 되면 이렇게 코칭을 받겠구나' 하는 상상을 하게 된다. 그렇게 나는 나의 잠재고객이 '코칭을 받을까 말까', '수강료가 비싼데 다른데 더 알아볼까' 하는 고민의 단계가 아니라, '이 사람에게 코칭을 받으면 나도 이런 서비스를 받게 되겠구나' 하며 스스로 서비스를 받는 자신을 상상하게 만들어 나를 찾아오도록 만들었다. 고객을 상상하게 하면 나를 선택할 이유가 분명해지고, 자연스럽게 클로징이 되어 매출 상승에 도움이 된다는 것을 터득한 것이다.

카드뉴스는
절제가 생명이다

내가 잘하는 건 '특징 뽑아내기'

고등학교 1학년, 학기 초에 국어 과제 발표날이 있었다. 주제는 '자기 드러내기'였다. 학기 초라서 선생님이 일부러 이런 과제를 낸 것 같았다. 나의 번호는 19번. 점점 내 차례가 다가오자 심장 소리가 밖에서도 들릴 만큼 긴장되고 떨렸다. 드디어 내 차례가 되었다. 단상 앞에 선 내가 "나는 우리 반 친구들 35명의 특징을 정리해보았습니다!"라고 첫 마디를 말하자 친구들은 나의 이야기를 빨리 듣고 싶어 했고, 흥미를 갖기 시작했다.

"1번 친구는 날카로워 보이지만 실제로는 속마음이 굉장히 여린 친구입니다. 옆자리 친구가 선생님께 혼이 나서 울고 있을 때 조용히 휴지를 꺼내주는 것을 봤거든요.

2번 친구는 지난번에 남자친구가 초등학교 6학년생이라고 했어요. 우린 고등학생인데 말이죠. 왠지 뻥이 아닐까 싶습니다. 만약 진짜라면 지난번에 같이 관람했다는 △△ 영화를 볼 수가 없거든요. 그건 15세 관람가니까요. 3번 친구는 입술이 굉장히 매력적입니다. 오리주둥이라고 놀리는 친구도 있지만 제 눈에는 안젤리나 졸리와 더 비슷합니다. 베이비 졸리라는 별명을 붙여주고 싶습니다."

그렇게 개별적인 스토리와 엮어 각자의 특징을 들려주자 반 친구들은 박장대소했고, 어느새 자기 차례를 기다리기까지 했다. 내가 학기 초에 서먹서먹한 35명의 친구들 특징을 파악하고, 이것을 과제로 발표한 것은 선생님조차 놀랄 정도로 큰 히트를 쳤다. 다른 반 국어 수업에서 내 이야기를 수없이 자랑하고 다니실 정도였다.

그렇게까지 반응이 좋을 줄 몰랐지만, 내가 친구들의 특징을 파악하는 데에는 오래 걸리지 않았다. 그보다 내가 더 고민했던 것은 '어떻게 하면 친구를 잘 드러내줄 수 있을까?'하는 점이었다. 그래서 좋은 점은 더 부각하고, 안 좋은 점은 삭제하면서 이야기를 만들었다.

사람들의 특징을 이야기할 때 필요한 것은 '절제'다. 단순히 내가 친구들의 장점만 나열했다거나 단점을 부각했다면 큰 오해가 생길 수도 있었을 텐데, 적절하게 절제하자 매끈한 '특징 스토리'가 나왔던 것이다.

지금도 나는 사람의 특징을 찾고 파악하는 것이 가장 재미있다. '이런 버릇이 언제부터였지?'라고 생각할 수 없을 만큼 체화되어 있다. 컨설팅을 요청해오는 분들과 몇 마디만 나누어도 그분들의 특징을 빠르게 찾아낼 수 있을 정도이다.

최근에는 고등학교 1학년 때 같은 반이었던 친구로부터 연락이 왔다. '오리주둥이'라고 설명했던 그 친구다. 친구는 인스타그램을 통해서 내가 유튜브, 강의, 책 집필 등 다양한 활동을 하는 것을 보았다며, 자신도 무엇인가 해보고 싶다는 이야기를 했다. 그러면서 "야, 그때 진짜 대박이었어. 너 그때도 글 좀 썼었는데 말이야. 어떻게 애들 특징을 전부 다 파악하고, 그걸 또 발표할 생각까지 하니. 진짜 아직도 기억난다!"라고 말해주었다. 15년도 더 된 이야기를 아직도 기억하고 있는 것을 보면, 나의 '특징 뽑아내기' 실력이 꽤나 인상 깊었던 듯하다.

더하기 말고 빼기

사람의 특징을 뽑아내기 위해서는 절제가 무엇보다 중요하다고 했다. 무엇을 더하고 무엇을 뺄 것인가가 관건이라는 이야기다. 카드뉴스도 그렇다. 제품이나 브랜드를 소개할 때도 좋은 점을 더 부각하고 눈에 잘 띄게 해야 한다. 사람에서 제품으로 대상만 바뀌었을 뿐, 어떤 대상을 소개한다는 점에서는 똑같다. 그러므로 카드뉴스에서도 절제는 필수다. 어떤 제품이나 브랜드가 가진 많은 것들을 모두 한꺼번에 카드뉴스에 담아내려 하면 오히려 메시지 전달력이 흐려진다.

만약 누군가가 내가 쓰는 화장품의 어떤 점이 좋아서 쓰고 있는지 물어온다면 어떻게 이야기해야 할까? 성분도 좋고 포장 용기도 좋고 모델도 좋고 발림성도 좋고……. 이것저것 다 좋다고 하면 상대의 머릿속에는 뚜렷한 장점이 남지 않게 될 것이다. 진짜 중요하게 부각시킬 만한 장점만 확실히 뽑아 전달해야지, 내가 알고 있다고 해서 모든 정보를 다 쏟아부으면 결국 고객은 진짜로 뭐가 좋은지 찾을 수 없게 된다.

이처럼 카드뉴스를 작성할 때는 얼마나 많은 내용을 실을 것인가보다는 무엇을 뺄 것인가를 먼저 생각해야 한다. 인생에서도 욕심을 내려 하면 끝이 없듯, 카드뉴스에도 많은 것을 보여주고 싶어서 욕심대로 꽉 차게 만들기보다 욕심을 버리는 것부터 시작되어야 하는 것이다.

같은 반 친구들 35명의 특징을 발표하기 위해 한 명씩 떠올렸을 때에도 각 친구 특유의 웃는 모습, 자주 쓰는 단어, 제스처, 입모양, 발걸음 등이 머릿속에 선명하게 그려졌다. 아마도 내가 친구들의 장단점을 하나부터 열까지 다 늘어놓았다면 교실이 그처럼 웃음바다가 되지는 않았을 것이다. 그 사람을 떠올리고 가장 특징적인 한 포인트를 잡고 부각시켜 이야기를 풀어갔던 것이 주효했던 것처럼, 카드뉴스 제작의 기본도 절제다. 상품에 대한 카드뉴스를 제작한다면, 그 상품이 가지는 독특한 모양이나 상품의 닉네임을 부각해 고객이 그 상품을 사용했을 때의 얻어질 혜택, 효과성을 골라 담아야 한다.

사람들에게 누구나 스토리가 있듯이 상품에도 스토리가 있다. 단지 그것을 발견하지 못할 뿐이고 세상에 드러내지 못할 뿐이다. 나는 친구들이 가진 작은 특징이 콘텐츠가 될 수 있다는 것을 직감적으로 느끼고, 그것을 찾아내 말로 표현했다. 카드뉴스도 하고자 하는 말을 전부 다 넣으려 하기보다, 빼고 또 빼보면서 상대방의 기억에 무엇을 남길 것인지 고민하고 선택해야 한다.

이것은 내 브랜드를 만들어가는 기초 과정과도 연결된다. 잠재 고객과 콘텐츠로 소통하며 해시태그로 나의 고객을 연결되게 만드는 것이 카드뉴스 마케팅의 핵심 전략이다.

감정도 절제하자

카드뉴스를 만들기 위해 내가 가장 먼저 하는 작업은 하나의 키워드가 문장이 될 수 있도록 여러 가지로 대입해보는 것이다. 카드뉴스는 긴 문장보다 절제된 단어 하나로 보자마자 고객을 이해시킬 수 있기에, 성공하는 마케팅이 되려면 이 작업은 반드시 필요하다.

이렇게 한 단어로 승부를 거는 이유는 팔리는 카드뉴스가 되려면 고객의 머릿속에 나의 콘텐츠가 빠르게 진입해야 하기 때문이다. 문장이 길면 그만큼 진입 속도가 떨어질 수밖에 없다.

마케팅 일을 하다 보면 현장의 경험이 필요하다. 그래서 나는 현장 경험을 쌓기 위해 '콜드콜' 마케팅을 시작했다. 콜드콜이란

'사전에 접촉하지 않은 잠재 고객에게 직접 연락을 취하는 행동'을 말한다. 현재 내가 하는 콜드콜은 기업의 대표자에게 전화를 걸어 방문 약속을 받아내는 일이다. 그런데 콜드콜을 하다 보면 간혹 첫마디부터 욕을 하는 대표자가 종종 있다.

나:　　　 "안녕하세요. 여기 ○○○회사의 설미리 팀장입니다"

A 대표: "뭐? 아 ××, 뭐야? 뭔데 전화했어?"

나:　　　 "아 네. 대표님 △△△ 때문에 전화드렸습니다. A 대표
　　　　　님 맞으신가요?"

A 대표: "야야! 그러니까 그게 뭔데 ×× 자꾸 전화해서 사람 귀
　　　　　찮게 하는 거야?"

나:　　　 "대표님, 왜 반말과 욕을 하십니까?"

A 대표: "내가 안 하게 생겼어?"

나:　　　 "반말하지 마세요."

A 대표: "하 짜증나 ××, 전화하지 마 ××××."

나:　　　 "계속 반말을 하시니 저도 반말하겠습니다. 그래, 이제
　　　　　전화 안 할게, □□□□."

　콜드콜을 하다 보면 이런 사람, 저런 사람을 모두 대하게 마련이다. 그런데 위의 대표는 내가 예의를 갖춰 정중히 인사한 뒤 대화를 시작했는데도 첫마디부터 반말과 욕설을 했다. 물론 내가 아닌 다른 사람들도 같은 목적으로 전화를 했을지도 모르고, 오늘따

라 유독 스팸 같은 전화가 많이 걸려왔을지도 모른다. 그렇다면 조용히 전화를 끊어도 될 일이다.

그런데 이 대표자는 다짜고짜 욕부터 했으며, 기본적으로 자기 감정을 통제하지 못하고 있었다. 이런 사람들은 대개 삶에 여유가 없는 경우가 많지만, 그렇다고 계속 욕을 듣고 있을 수만은 없었다. 그래서 예의가 무엇인지 알려줘야겠다고 생각해 나도 욕설로 응수하고는 전화를 끊었다.

내가 이런 이야기까지 언급하는 이유는 나도 한 회사의 대표자가 될 수 있고, 나 역시 스트레스가 쌓여 부정적인 말을 할 수 있는 사람이기 때문이다. 감정의 절제가 중요한 것은 그 감정에 매몰되어 다른 일을 하지 못하는 불상사를 예방하기 위한 것이라는

사실도 전하고 싶었다.

나는 이 사례를 인스타그램에 카드뉴스로 공표했다. 다만 한 장짜리로, 단순하게, 초성만 써서 간략하게.

'ㅁㅊㅅㄲ'

이 카드뉴스를 만드는 데는 10초도 걸리지 않았다. 모바일 앱 '글그램'으로 초성만 적었다. 노란색 배경에 파란색 글자만 덩그러니 있는 'ㅁㅊㅅㄲ'. 캡션에는 내가 왜 이런 카드뉴스를 만들어서 올렸는지, 짤막하게 사연을 밝혔다. 그러자 내가 원하는 답을 댓글로 확인할 수 있었다. 눈에 확 띄고 속이 시원하다는 반응부터, 어떤 욕을 더 해야 하는지 정보까지 주는 댓글도 있었다. 특히 몇 년 동안 소통이 없던 지인까지도 "욕 한번 잘했다"라며 댓글을 달아주었다.

'절제의 미'가 발휘된 이 네 글자는 내 인스타그램을 가히 폭발시켰다. 사람들이 이 네 초성이 의미하는 바를 단박에 알아차리고, 이에 대한 궁금증이 증폭되었기 때문이다. 사람들은 카드뉴스를 보자마자 내가 전하려 했던 목적을 정확히 이해했으며, 내가 원하는 반응도 보여주었다.

어떤 이는 이 단순한 카드뉴스를 보고 '이 정도는 아무나 만들지'라고 생각할 수도 있을 것이다. 그러나 이 카드뉴스의 핵심은 만드는 테크닉에 있는 게 아니라 담은 내용에 있다. 즉 카드뉴스는 이처럼 보자마자 어떤 의미인지, 어떤 것을 기억에 남길 것인지를 정확히 알고 작성해야 한다. 그것이 고객의 집중력을 높여주는 최적의 도구가 될 수 있다. 감정을 절제하되 집중력을 높일 수 있는 키워드. 그것이 카드뉴스의 핵심 포인트이다.

카드뉴스는 콜드콜 도입부와 같다

콜드콜을 하는 사람들은 대개 자신의 용건만을 전달하려고 빠르게 말하는 경향이 있다. 그런데 이렇게 하면 전화를 받는 사람들은 '이거 뭐지? 광고네' 하고 들으면서도 더 들을지 말지, 끊을지 말지를 결정한다. 하루에도 광고 전화를 최소 세 통은 기본으로 받는 이 시대에, 자기 용건만 냅다 던지듯 빠르게 말하는 콜드콜을 친절히 받아줄 고객은 없기 때문이다.

그래서 나는 콜드콜을 할 때 일부러 광고 전화를 받는다. 내가 콜드콜을 하며 받았던 거절들을 똑같이 질문해보며 거절에 대한 대답을 어떻게 하는지 들어보기 위해서이다. 이러한 과정이 지속되면서 나의 콜드콜 실력도 유연해져갔다.

내가 내린 결론은 첫마디 질문이 달라야 된다는 것이다. 콜드콜을 해보니 첫 도입부가 달라야 내 말을 들으려 했고, 질문을 해오기도 했다. 카드뉴스도 콜드콜의 도입부와 똑같다. 첫 장부터 상대방의 관심을 이끌어내야 하고, 그 관심이 지속되어야 마지막 장까지 보게 된다.

고객의 집중을 끌어내면 그다음은 쉬워진다. 이벤트, 강의 홍보, 제품 판매 등 원하는 것을 빠르게 얻을 수 있는 확률이 높아진다. 콜드콜을 하면서 구구절절 맞는 얘기도 해봤지만 결국 사람들은 듣고자 하는 것만 취할 뿐 나의 말에는 관심을 두지 않았다. 그래서 질문을 하기 시작했다.

"안녕하세요. ○○○ 설미리 팀장입니다."
"아닙니다."
이럴 때 당신은 뭐라고 답할 것인가?
나는 다시 되받아 말했다.
"뭐가 아닌데요?"
"네…에?"

단 이때 유의할 점은 말투다. 절대로 건방지게 들려서는 안 된다(물론 이 방법이 모든 사람에게 통하는 것은 아니다. 사람에 따라 전혀 안 먹힌다는 판단이 드는 목소리가 있다. 이때는 시간을 허비하지 말고 정중하게 끊는 것이 최선이다).

내가 한 말, '뭐가 아닌데요?'는 상대방이 나의 말을 듣도록 집중시키는 간단한 질문이었다. 덕분에 본론을 얘기할 수 있었다. 카드뉴스 역시 간단하고 단순한 것으로 상대방의 궁금증을 자아낼 수 있어야 한다. 사람들이 반응하고 클릭하고 콘텐츠를 보는 이유는 어렵지 않기 때문이다. 바로바로 이해가 되고 어떤 뉘앙스와 느낌인지를 보자마자 인지할 수 있어 반응하는 것이다. 첫 장부터 어렵거나 뻔하다면 솔직히 나조차도 보고 싶은 궁금증이 생기지 않는다.

　나는 콜드콜이나 카드뉴스 작업을 할 때마다 셰익스피어의 작품 〈리어왕〉의 구절을 꼭 기억한다.

　　있다고 다 보여주지 말고
　　안다고 다 말하지 말고
　　가졌다고 다 빌려주지 말고
　　들었다고 다 믿지 마라.

- 셰익스피어, 〈리어왕〉 中에서

　카드뉴스로 고객의 관심을 끌어내기 위해서는 절제된 간단한 키워드 하나면 충분하다. 간단한 한마디가 듣고 보는 고객에겐 복싱에서 말하는 가장 강력한 한 방! 어퍼컷이 되는 기술이다. 아는 것을 다 말하지 않고 절제하며 나에게 집중할 수 있도록 간단하게 질문하자. 이것이 바로 먹히는 카드뉴스의 핵심이다.

카드뉴스 전략에
시장조사는 필수다

고객이 다니는 길목에 둥지를 틀어라

나는 카드뉴스로 자신의 상품이 팔리는 노하우를 습득한다면 현재 매출의 두 배는 무조건 달성할 수 있다고 확신한다. 실제로 경험해본 결과, 카드뉴스 마케팅이야말로 저절로 상품이 팔리게 하는 방법이 되었기 때문이다. 그렇다면 카드뉴스로 고객이 나를 발견할 수 있게 하는 방법은 무엇일까? 내가 대표적인 방법으로 꼽는 세 가지는 내 고객 찾기, 고객의 궁금증 유발하기, 차별화이다.

첫째, 내 고객 찾기. 고객이 무엇에 집중하는가를 '집중'해서 생각한다

내가 광고대행사를 그만두고 한 달여의 시간이 지났을 무렵, 한 클라이언트로부터 연락이 왔다. 그분은 우리에게 광고 대행을 맡긴 업체의 대표였는데, 나에게 프리랜서로서 자신의 회사 제품을 마케팅해달라는 것이었다. 사실 내가 재직했던 광고대행사의 고객이었기에, 당시 기존 회사에 재계약을 하도록 안내했다. 그럼에도 퇴사한 것을 알고 개인적으로 연락을 준 클라이언트에게 감사한 마음이 들어, 작은 도움이라도 드리고 싶었다. 그래서 한 가지 강력한 질문을 했다.

"대표님, 고객이 대표님의 제품을 왜 산다고 생각하세요?"

"아! 그거는 생각을 못 해봤는데요."

"네, 맞습니다. 대부분의 대표님들은 제품이 안 팔리는 것을 먼저 생각하기 때문에 팔리는 이유에 대해서는 생각을 잘 안 하십니다. 그래서 저는 대표님들께 자사 제품을 구입한 고객에게 직접 물어보시라고 권해드립니다. 실제로 어떤 장점에 끌려 제품을 구입했는지, 직접 전화도 하고 찾아도 가서 고객의 소리를 듣는 것이죠. 그리고 그 내용을 상세페이지에 녹여서 카드뉴스를 만들어 보세요."

이렇게 말씀드리면, 대부분의 대표님들은 그런 생각은 전혀 하지 못했는데, 당장 해봐야겠다며 고맙다는 마음을 전한다.

어려움 속에서도 파는 사람은 잘도 판다. 왜일까? 생각을 바꾸면 방법도 달라진다. 내 고객이 무엇을 보고 있고, 어디에 집중하는가를 찾아야 한다.

나는 9개월째 새벽 5시 30분에 하는 커뮤니티에 참여하고 있다. 목소리마저 나오지 않는 시간에 부스스한 얼굴로 서로 생각을 공유하고 심지어 비즈니스와 연결되는 대화를 주고받는다. 쉽지 않지만, 시간이 지날수록 내가 성장하고 있음을 깨닫는다.

사람들에겐 성장하고 싶고 무엇인가 이루고 싶어 하는 욕구가 있다. 인기 강사 김미경의 MKYU(MK&You University: 김미경과 당신의 대학)가 SNS에서 급부상한 것도 그런 이유에서이다. MKYU는 '모닝 쩍쩍이' 챌린지를 통해 미션을 달성했다는 성취감을 갖게 한다. 그런데 이것을 단순히 그냥 챌린지에 동참하는 것으로 볼 게 아니다. 여기에 '나의 고객'이 있음을 알아야 한다. 거인의 어깨에 올라타라는 말이 있듯, 나 역시 김미경 강사가 운영하는 '모닝 쩍쩍이' 또는 MKYU 해시태그를 사용해 사람들이 나를 찾아오도록 했다. 또한, 김미경 강사와 연관된 해시태그를 사용하는 사람들을 찾아가 '좋아요'를 누르고 댓글로 소통하고 싶다는 의사 표현을 했다. 또 인스타그램은 물론 유튜브에도 새벽 독서에 대한 영상을 올렸다. 그러자 점차 지인들부터 문의가 들어오기 시작했다.

이렇듯 고객이 집중하고 있는 것은 무엇인지, 무엇을 보고 있는지를 사전에 조사할 필요가 있다. 왜냐하면 그곳이야말로 돈과 비즈니스가 연결되는 좌표이기 때문이다. 김미경 강사의 해시태그를 사용하는 사람들은 대부분 자기계발에 비용을 투자하는 사람들이고, 교육에 가치를 두는 사람들이므로 나의 고객이 될 확률을 높일 수 있다.

내가 어떤 비즈니스를 하기 전에 기본적으로 알아야 할 것은 현재 나의 위치를 파악해두는 것이다. 당장 내가 시장에 뛰어들었을 때 어느 위치에서 시작해서 어디까지 도달할 수 있는지를 알면, 방향을 수정하기도 수월하다.

나는 카드뉴스 마케팅 강사로도 활동하고 있다. 이 업계는 전문 강사가 아니더라도 강의를 하는 사람들이 넘쳐난다. 그런 상황에서 내가 카드뉴스 마케팅 강의 시장에서 살아남을 수 있는 방법은 단 하나다. 고객의 궁금증을 유발하고, 궁금한 것을 카드뉴스로 보여주는 것이다. 강의력이나 기술로 승부를 보는 것은 의미가 없다. 그래서 나는 카드뉴스에 대한 강의를 하는 강사들이 어디에서 강의를 하는지 수시로 검색을 해본다. 네이버에서 검색할 때에는 키워드를 폭넓게 사용한다. '카드뉴스 교육', '카드뉴스 강의' 등으로 검색해본다. 검색 결과를 확인해보면, 강사들도 역시 블로그에 리뷰를 올려놓는다.

내가 중점적으로 보는 부분은 어느 기관에서 강의했는지, 어떤 내용으로 강의했는지, 강의 흐름, 분위기, 참석 인원이 대략 몇 명인지 등이다. 그리고 관련하여 리뷰해둔 내용을 꼼꼼히 살펴보고 그 결과물들을 파일로 정리한다. 몇 명의 리뷰만 보고 정리해도 현재의 강의 트렌드, 시장에서 요구되는 강의 내용 등을 파악할 수 있으며, 무엇보다 내 강의의 잠재고객을 발굴할 수 있다. 방법은 내가 역제안을 하는 것이다. 즉 담당 부서, 담당자에게 연락해 콜드콜로 강의를 제안하고, 검토할 수 있는 강의 자료를 보내 강의를 따내는 것이다.

강의를 따내기 위해 콜드콜을 할 때에는 기본적으로 받을 수 있는 질문, 거절 처리에 대한 내용을 미리 적어두는 것이 좋다. 실제로 교육담당자는 본인이 직접 검색해보고 연락을 주겠다고 말했다. 그러나 보통 이런 경우에는 연락이 오지 않을 확률이 크고, 습관적으로 거절하는 경향이 있기 때문에 기록을 남겨두는 것이 추후에라도 연결될 수 있는 포인트가 된다.

"그럼요. 물론 우리 담당자님께서도 알아보셔야죠. 다만 저는 담당자님께서 알아보는 시간을 줄여드리려는 것입니다. 제가 만들어둔 카드뉴스가 있는데 사람들이 '좋아요'도 많이 눌러주고 댓글 반응도 좋습니다. 이런 것을 어떻게 만드느냐고 문의해오는 분들도 꽤 많습니다. 제가 링크 하나 보내드릴게요. 이메일 주소만 알려주시면 됩니다."

이런 제안은 담당자에게 오히려 준비된 자세를 어필할 수 있고, 다른 강사와는 다르다는 것을 보여줄 수 있기 때문에 응답률이 높은 편이다. 고객의 궁금증을 유발하기 위해 나는 이런 과정을 SNS에 카드뉴스로 늘 노출한다.

셋째, 나만의 차별성을 확보한다

고객은 나에게 얻어갈 수 있는 혜택을 먼저 발견하고 싶어 한다. 내가 소비자라도 그럴 것이다. 똑같은 상품을 산다고 가정하면, 기왕이면 서비스가 좋은 쪽에서 구매하고 싶기 때문이다. 기존에 이미 경험한 사람들이 있다면, 이들과 내가 다른 차별점만 명확히 보여주면 고객의 선택을 받는 것이 쉬워진다.

나는 일상에서 얻은 작은 아이디어들을 콘텐츠로 발견하는 재주가 탁월하다. 분명 세상에 존재했던 것들인데 남들이 보지 못하고 지나치는 미세한 차이를 파악해 콘텐츠로 만들어낸다. 그것을 돈과 비즈니스로 연결하는 일에 나는 정말 재미와 희열을 느낀다.

내가 1년여간 개인 코칭을 해준 A 보험설계사가 있다. 그는 자신만의 무기를 가지고 있었는데도 이를 돈과 비즈니스로 연결하는 것 자체에 무지했다. 나는 자신의 셀프 사진 한 장 없던 그에게 반드시 유튜브를 해야 한다고 강권했고, 나의 강권에 그는 손을 바들바들 떨며 어쩔 수 없이 유튜브 영상을 찍고 인스타그램에 자신의 셀프 사진을 올리기 시작했다. 그리고 점차 그가 가진 최고의 무기인 '경험'을 바탕으로 하여 전자책까지 발간했다.

이 모든 일을 시행한 결과 A의 책은 지금까지도 자동 판매가 이루어지고 있으니, 그야말로 '대박'을 친 셈이다. 전자책을 발행하기로 하고 시장조사에 들어갔을 때 먹히겠다는 느낌이 있긴 했지만, 이렇게 꾸준히 팔릴 것이라곤 예상하지 못했다.

A는 블로그, 인스타그램, 네이버 카페, 유튜브 등 운영하는 채널에 카드뉴스를 만들어 무료 세미나를 홍보했는데, 여기에도 사람들의 자발적 참여가 이루어졌다. 이후 A는 무료 세미나에 참석한 이들에게 궁금한 점이 있는지 묻고 답변하는 시간을 가졌고,

질문과 답변도 카드뉴스로 만들어 인스타그램에 홍보해, 지속적으로 팔리는 콘텐츠를 쌓아갔다.

A의 성공은 자신을 시장에 없던 전문가로 차별화하여 이루어질 수 있었다. 이런 차별화 전략에 성공해 강의와 잡지 출연, 책 출간 등으로 비즈니스의 확장이 이루어졌고, 그 확장은 지금도 계속되고 있다.

감이 떨어지길 기다리면

감나무 밑에 누워 감이 떨어지기를 기다린다고 감이 저절로 내 입속으로 들어올까? 그럴 확률은 아마 0.001%에도 못 미칠 것이다. 적극적으로 감나무를 흔들고 두드려야 감이 떨어질락 말락 하는 조짐이라도 보일 것이다.

언제 찾아올지 모를 고객을 기다리는 일에는 굉장한 리스크가 발생한다. 물론 일정 시간 기다리기만 하면 고객이 반드시 온다는 확신만 있다면 오래 기다릴 수 있겠지만, 세상에 그런 일은 벌어지지 않는다. 기한도 없고, 고객도 없고, 기다리는 내 속만 타들어 갈 뿐이다.

그렇기 때문에 우리는 고객이 다닐 길목에 카드뉴스라는 씨앗을 뿌려두고 적극적으로 구애를 해야 한다. 검색을 유도하는 카드뉴스를 만들어 행동하게 유도해야 하고, 나에게 접근해오는 액션을 취하도록 혜택을 부여하며, 전략을 갖고 설계를 해야 '감나무에서 감 떨어지듯' 고객이 내게로 떨어진다. 그리고 이런 절차대로 진행해야만 성공적인 마케팅으로 이어질 수 있다.

나는 심하게 틀려본 경험이 자산이 되었다. 강의 시장을 역추적해 내가 진입할 수 있는 빈틈의 시장을 찾았고, 내가 그 틈새시장에 적합한 사람임을 카드뉴스로 미리 만들어놓았다. 그리고 이 비즈니스가 돈으로 연결되도록 유도했다.

이렇게 지나온 과정을 과거와 현재로 나누어 비교해보니, 가장 놓치고 있었던 것이 한 가지 눈에 띄었다. 내가 바로 '돈만 보고 달렸다'는 것이다.

과거 돈만 보고, 돈만 좇았을 때 나는 인간관계에서부터 꼬이기 시작했다. 그래서 원망과 배신으로 사람을 믿지 못하는 경지에 다다랐다. 그 결과 세상이 나를 찾지 못하도록 꽁꽁 숨기까지 했다. 그러나 그것이 잘못된 실패의 길임을 깨달은 지금은 돈만 무작정 보고 앞으로 내달리는 일 따위는 하지 않는다. 이미 너무 많이 틀려봤기에, 이제는 나 자신을 증명해 보이는 일에 주력한다. 그리고 이때 도구로 쓰는 수단이 카드뉴스이며, 이를 뒷받침하는 것은 철저한 시장조사다.

다시 한번 강조하지만, 고객과 소통하는 마케팅 전략에는 지름길이 없다. 나에게 맞는 맞춤 고객을 찾아 고객의 궁금증을 유발해 다가가고, 차별화를 통해 전략적으로 승부하는 것. 이것이 고객과 소통하는 카드뉴스의 전부이다.

카드뉴스로 고객을
해시태그하라

해시태그가 되는 카드뉴스로 고객을 선점하라

해시태그(Hashtag)란 특정 단어 앞에 '#' 기호를 붙여 그 단어에 대한 글이라는 것을 표현하는 기능을 말한다. SNS에서 정보를 공유할 때 주로 이 표시를 달아 검색을 편리하게 할 수 있도록 한다. 일례로 카드뉴스 제작과 관련한 글을 작성하고 특수문자 '#'를 사용해 '#카드뉴스제작' '#카드뉴스강사' 등의 해시태그를 달아놓으면, 카드뉴스에 대한 정보가 필요한 사람들이 쉽게 검색해서 찾을 수 있다. 이처럼 특정 주제를 가리키는 핵심어에 붙는 것이 해시태그이므로 해시태그가 붙은 단어에는 사람, 마음, 정보, 감정 등이 담겨 있다고 보아도 무방하다.

SNS에서 해시태그는 마치 콜드콜에서의 미팅 클로징과 흡사하며, 카드뉴스에서의 시선 집중과도 일맥상통한다. 콜드콜은 모르는 사람에게 전화해서 나의 비즈니스를 얘기하고 만남을 약속하는 과정이다. 결코 쉽지 않다. 매몰차게 거절하는 사람, 욕을 하는 사람, 사람 취급도 하지 않는 광고에 그치는 전화 한 통.

카드뉴스도 마찬가지다. 단순히 "내 상품 정말 좋아요. 한번 사 보세요"라는 말은 절대 먹히지 않는다. 고객과 연결을 하기 위해 해시태그 같은 연결 통로가 필요하다.

SNS에서는 이 해시태그를 어떻게 쓰느냐에 따라 내 고객층이 달라진다. 고객이 지나다니는 골목에 나를 알리는 매력적인 입간판(카드뉴스)을 세우고, 고객이 나를 찾아올 수 있게 통로(해시태그)를 활용해야 나를 발견하고, 연결이 되는 것이다. 따라서 이제는 단순히 카드뉴스를 잘 만드는 것만으로는 의미도 없고, 효과도 없다. 누구나 비슷하게 따라 할 수도 있다. 다만 고객이 스스로 문의해오게 하는 카드뉴스를 기획하고 해시태그를 잡는 기술은 장기적 비즈니스 관점에서 볼 때 경험 없이는 확장되기 어렵다.

내가 바뀌면 그들이 바뀌어 보인다

코칭을 하다 보니 수강생의 연령층이 다양해져갔다. 특히 5060세대 수강생들이 점차 늘기 시작했다. 3040세대를 주로 코칭하다가 5060세대를 대상으로 하려니, 코칭에 굉장한 에너지를 투여하게 됐다. 이 수강생들이 내가 하는 말을 이해하지 못하고, 어렵게 느꼈기 때문이다. 반대로 나는 이들을 이해하기 위해 여러 가지 다양한 노력을 해봤다. 결과가 어땠냐고? 지금도 나는 다양한 노력을 하고 있다. 왜냐하면 정답이란 없기 때문이다.

사람마다 생긴 것이 다 다르고, 보고 듣고 경험한 것이 다 다르기에, 그들을 바꾸려 노력하는 것은 불가능에 가까워 보였다. 그래서 먼저 나를 바꿔보기로 결단했다. 처음에는 '이런 작은 것 하나까지 설명을 해야 하다니'라는 생각도 들었다. 그런데 내가 할 말을 줄이고 그동안 어떤 경험을 했는지, 그들이 바라보는 방향은 무엇인지를 질문하고 소통하면서 알게 됐다. 내가 바뀌면 그들이 바뀌어 보인다는 것을 말이다.

5060세대인 우리 부모님은 종종 안부를 전하는 현란한 이미지를 한 장씩 카카오톡으로 보내온다. 이것 역시 메시지를 전하는 일종의 카드뉴스이다. 혹자는 그게 무슨 카드뉴스냐고 하겠지만 아침 소식, 아침 인사, 즐거운 하루 등 가벼운 인사부터 감동까지 주는 콘텐츠는 카드뉴스라고 정의하는 것이 맞다고 생각한다. 서로 소통하고 메시지를 전달하려는 목적이 있기 때문이다. 부모님이 이런 카드뉴스를 보내오면 정말 신기하기도 하고 재미있기도 하다. 이런 카드뉴스는 어디서 공급을 받는지, 늘 다양한 카드뉴스가 나에게 배달된다.

나는 이 카드뉴스를 보면서 비즈니스 파트너와 대화를 나누었고 "이런 콘텐츠를 SNS에 올려보는 것이 어떨까?"라는 제안을 했다. 실행으로 즉각 옮기는 나의 파트너는 바로 '5060power'라는 인스타그램 계정을 새로 만들어서 이 카드뉴스들을 지속해서 올리기 시작했다. 그리고 해시태그를 #5060세대 #패티김노래 #내 나이가어때서 등의 세대공감 해시태그를 사용하기 시작했다. 그렇게 점차 공감대를 형성하는 해시태그를 통해 소수이지만 하나둘 사람들이 유입되었고, 콘텐츠가 지속적으로 쌓이자 5060세대의 사람들이 점점 모이기 시작했다. 특히 소통하자고 남기는 댓글이 생겨났고, 서로 왕래하며 '좋아요'를 눌러주는 인친(인스타그램 친구)이 늘어나게 되었다. 결국 연결 통로인 해시태그를 사용하면서 카드뉴스로 공감하는 마케팅을 통해 사람들과 소통하고, 내 고객과도 연결될 수 있었다.

Z세대도 MZ세대도 해시태그로 연결할 수 있다

비즈니스는 결국 사람과 사람과의 연결이다. 그런 의미에서 오프라인에서 연결의 핵심이 콜드콜이라면 온라인에서의 핵심은 해시태그일 것이다. 아무리 좋은 콘텐츠도 연결하는 능력이 없으면 무용지물이다.

나는 해시태그와 콜드콜이 잠재고객과 연결되는 통로라고 설명하고 싶다. 그리고 나는 오프라인과 온라인을 모두 연결하는 노하우를 알고 있다. 해시태그의 본질을 잘 이해하면 앞서 말한 대로 사람, 마음, 정보, 감정 등 수많은 관점들이 보이기 시작한다. 즉, 고객의 심리를 이해하게 되고 내 고객층을 넓혀갈 수도 있다.

앞으로는 내 타깃 고객층이 아니더라도 문의해오는 고객층까지도 소통하고 연결할 수 있어야 한다. 다른 사람들이 뭘 하는지 알고 있어야 내 고객으로 만들 수 있으니 말이다.

해시태그로 시장을 역추적하라

Z세대도 MZ세대도 자라온 환경과 생각은 천차만별이지만 나이를 불문하고 SNS 플랫폼을 활용한다. 어떻게 활용하는지에 따라 목적과 목표도 달라지겠지만 결국 이들 역시 수많은 잠재고객이다. 그래서 나는 SNS 플랫폼을 활용해 이들의 생각도 분석하고 시장조사도 하는데, 특히 해시태그로 검색을 많이 한다. 트렌드 분석과 심리, 마음 등 정보를 얻기도 쉽고 돈이 안 드는 최고의 방법이기도 하기 때문이다.

나는 어떤 비즈니스를 실행할 때 시장조사에 시간을 많이 투자하는 편인데, 해시태그로 시장을 역추적한다. 최근에는 퍼스널 브랜딩에 대한 기업강의 제안을 위해 요즘 시장에서 원하는 수요를 파악해야 했다. 강의와 강사는 어떤 것을 필요로 하는지를 말이다. 우선 나의 전략은 세 가지로 나눌 수 있다.

첫째, 해시태그로 기업 강의를 하는 강사를 찾는다

'#기업강의' 해시태그를 인스타그램에 검색했다. 많은 강사들의 활동 게시물들이 보였다. 그들이 활동하고 있다는 것은 기업이 원하는 강의라는 의미도 되고, 글을 올려둔 강사만큼의 강사를 선택한다는 뜻도 된다.

둘째, 강사들이 다녀온 강의 기관을 기록해둔다

강사들은 친절하게도 어느 기업에 강의를 다녀왔는지 설명하고 있었다. 강의한 기관의 네임밸류가 있다면 강의 이력 한 줄 작성에도 도움이 되므로, 잘 보이는 곳에 강의 기관을 설명해뒀다. 심지어 기업강의 담당자 인스타그램 계정도 태그를 걸어두기까지 했다. 나는 여기서 기업 정보, 강의 정보, 담당자 성향 및 정보를 얻었고 추후 인스타그램이나 담당자 사무실 번호로 곧바로 문의할 수 있는 정보를 얻었다.

셋째, 나를 돋보이게 만들 한 가지를 어필한다

현업 강사들이 강의한 내용을 조금 더 자세히 살피기 위해 포털사이트에서 검색해보았다. 기업에 대해 정보를 수집하며 기존 강사의 강의 내용과도 비교해봤다. '나는 이 기업에 어떠한 강의를 제안할 수 있는가?', '기존 강사에게는 없고 나에게만 있는 것은 무엇일까?' 등을 고민하며 나의 경쟁력을 찾기 시작했다. 그렇게 찾은 시장이 바로 '재능을 돈으로 바꾸는 부업 콘텐츠 찾기'였다. 이를 강의로 제안했고, 운영기관 담당자와 일정을 맞추며 소통하는 단계까지 갔다. 아쉽게도 강의 일정은 조금 연기되었지만 내게는 이 전략의 성공을 증명하는 계기였고, 강의를 끝내고 사람들의 후기를 받은 것보다 더 큰 기쁨을 얻었다.

세상을 900픽셀에 담는 여자

앞에서도 강조했듯 카드뉴스는 절제가 중요하다. 내가 가진 많은 것을 카드뉴스에 모두 담아내려 하면 할수록 메시지 전달력이 흐려진다. 따라서 카드뉴스에 얼마나 많은 내용을 실을 것인가보다는 무엇을 뺄 것인지를 고민해야 한다. 사람의 심리가 그렇다. 무엇인가 부족하면 채우고 싶고, 계속 바꾸고 수정하고 싶다. 그러나 그것은 나의 욕심일 뿐, 카드뉴스를 보는 고객은 많은 것을 궁금해하지 않는다. 참 어렵다.

오프라인 사업도 마찬가지다. 추가하는 것보다는 빼는 게 어렵다. 글쓰기도 마찬가지다. 단어 하나에도 의미가 달라지고, 뉘앙스나 느낌이 변질되기도 하고 좋아지기도 한다.

퍼스널 브랜딩의 핵심은 결국 고객과 연결하고 브랜드를 확장하는 방법을 아는 것이다. 단순히 퍼스널 브랜딩을 해야 한다는 생각만 하면 확장성을 가지기 어려울 수 있다. 나는 퍼스널 브랜드를 카드뉴스에 담아 그것을 어떻게 연결하는지 안내한다.

카드뉴스를 만들기 위해 제일 먼저 하는 작업은 문장을 한마디 키워드로 정리하고 결론부터 말하는 것이다. 보자마자 고객을 이해시키고, 궁금하게 하고, 고객을 내 카드뉴스와 연결하며 소통하는 것. 해시태그로 나의 카드뉴스와 연결되게 하는 것이 카드뉴스 마케팅의 핵심 포인트다.

돈이 우선순위가 될 수 없다

강의 시장을 역추적해 내가 진입할 수 있는 시장을 찾았다면, 이제부터는 나는 이미 그러한 사람임을 카드뉴스로 증명해두면 된다. 돈이 나를 증명하는 것은 결국 한계가 있다. 이것을 깨닫는 데에는 심하게 틀려본 경험이 자산이 되었다. 돈만 쫓았을 때는 인간관계에서 원망과 의심이 먼저 시작된다. 반대로 나 자신이 곧 상품이 되고, 이를 증명할 수 있다면 돈은 자연스럽게 찾아오게 되어 있다. 왜냐하면 과정을 알아야 결과를 만들어낼 수 있기 때문이다. 틀리지 않으려는 것보다는 틀리더라도 그 경험을 통해 다음에는 어떤 방향성을 계획하게 되는지가 자산이 된다.

돈을 버는 사람들은 돈이 있는 곳을 잘 알고 있다. 그렇기에 해시태그로 고객이 나를 발견할 수 있도록 연결하고, 그것을 카드뉴스로 증명시켜주면 된다.

SNS의 댓글을
역추적하라

클레임을 거는 고객이 더 반가운 이유

마케터로 활동해온 지 9년 차 그리고 마케팅 코치로 활동한 지
도 4년 차인 내가 항상 집중하고 관심을 기울이는 것은 바로 고객
의 진심이다. 내가 만나온 대부분의 고객은 어떠한 물음에도 "아
~ 괜찮아요", "네, 잘하고 있어요"라고 말하곤 했다. 그러나 나는
이 같은 대답을 곧이곧대로 듣지 않는다. 왜냐하면 이들의 "괜찮
아요"는 그저 아무런 일이 벌어지지 않는 상태를 말하고, 이런 대
답을 한 이들은 어떠한 질문도 실행도 하지 않는다는 것을 그간
의 경험으로 알고 있기 때문이다.

마케터로 경력이 쌓이면서 조금씩 알게 된 것은, 고객은 절대
한 번에 자신의 본심과 진실을 말하지 않는다는 사실이다. 그래서
나는 오히려 클레임(Claim)이 없는 사람보다 클레임을 거는 고객

이 더 반갑고 고맙다. 고객의 클레임은 곧 더 나은 상황을 만들 수 있는 기회이기도 하기 때문이다. 그들 덕분에 내가 더 성장하고 개선해야 하는 부분을 알 수 있다.

고객의 마음을 제대로 알지 못했을 때는 늘 내가 정답이라는 것을 강조했다. 왜냐하면 나는 수없이 틀려봤고, 되는 방법을 검증해오면서 정답에 가까운 해답을 가이드해왔다고 자부했기 때문이다. 그러나 이것은 정말 위험한 생각이었다. 고객이 나에게 다가오지 못하게 막는 허세 가득한 자부심에 불과했다. 그 결과, 아무리 좋은 것을 고객에게 내주어도 내 옆에 남아 있는 고객은 없었다.

처음에 고객들은 늘 내게 "와~ 정말 감사합니다", "와~ 대단하세요!" 같은 말들만 해주었다. 그러나 이것은 결코 고객의 본심이 아님을 알기에, 나는 고객의 본심을 알기 위해 영혼을 갈아 넣는 노력을 해야만 했다.

SNS 댓글은 트렌드의 보물창고다

광고대행사 재직 당시 나는 대기업의 통신사 브랜드 마케팅을 담당했다. 대기업의 브랜드 마케팅에서 가장 기본적으로 해야 하지만 가장 어려운 일이 바로 '모니터링'이다. 이슈를 감지해야 하고, 경쟁사의 동향도 분석해야 했으며, 매일 아침저녁으로 그것을 보고서로 만들어 제출해야 했다. 무엇보다 사람들이 브랜드에 대해 어떠한 이야기를 나누는지, 서비스에 대한 반응은 어떠한지를 분석하는 일이 모니터링 업무의 핵심 역할이었다.

분석하는 업무는 대기업 임원 회의에 사용될 자료이기에 책임감도 필요했지만, 더 중요한 것은 고객이 시장에 무엇을 원하는지 파악하는 것이었다. 대기업 통신사 브랜드가 고객에게 어떠한 것을 제공해야 브랜드 인지도를 높이고 매출에 기여할 수 있는지를 파악해야 했기 때문이다. 나는 이 과정에서 고객의 마음을 알아내기 위한 방법을 터득할 수 있었다. 바로 SNS 댓글을 역추적하는 것이다.

SNS 댓글을 역추적하는 것은 사실상 그리 어려운 일은 아니다. 방법은 내 브랜드와 연관이 있는 커뮤니티로 이동해서 한 가지 키워드를 검색해보는 것이다. 네이버 포털사이트를 기준으로 이미 형성되어 있는 커뮤니티에 접속하면 검색 키워드에 대한 검색 결과가 나오고 다양한 글, 이미지, 동영상을 확인할 수 있을 것이다. 이 콘텐츠들을 하나하나 클릭해서 보고, 그 안에서 사람들이 어떠한 이야기를 주고받는지 확인한다. 이런 과정이 곧 댓글을 역추적하는 가장 쉬운 방법이다.

어려운 것은 오히려 고객과 시장의 흐름을 연결하는 것이고, 이를 재화로 바꾸는 과정이다. 그러기 위해서 역추적한 댓글들 중 문제를 발견해야 한다. 한 기업의 브랜드 마케팅인데 고작 SNS 댓글을 보고 트렌드를 분석한다고 생각하면 굉장히 큰 것을 놓칠 수 있다. SNS의 댓글은 충분히 조작도 가능하지만 이를 필터링할 수 있는 안목이 생기면 고객이 요구하고 있는 것들의 흐름을 파악할 수 있는 경지에 이르게 된다. 나는 여전히 SNS 댓글을 유심히 관찰한다. 그리고 왜 그러한 댓글을 작성했는지 여러 관점에서 생각해보는데, 그때마다 정말 신기하게도 굉장한 아이디어들이 떠오른다.

사람들은 늘 문제를 제기하고 해결을 요구한다. 결국 문제 해결은 원하는 것, 즉 수요가 된다. 나는 이 과정이 시장조사라고 생각한다. 이 시장조사를 바탕으로 경쟁사의 마케팅 활동과 비교해가며 고객의 문제를 해결해줄 수 있는 수요를 발굴해 보고서를 작성했고, 광고주로부터 "와, 과장님 보고서 덕분에 저 대박 났어요! 이런 보고서는 정말 처음이라고 임원분들께 칭찬받았어요. 감사합니다!"라는, 힘이 나는 피드백을 받기도 했다.

한 장짜리 카드뉴스 마케팅이 불러온 효과

나는 카드뉴스 첫 장의 메시지를 굉장히 중요시한다. 첫 장에서 고객의 관심을 사로잡아야만 내가 전달하고자 하는 메시지를 끝까지 전할 수 있다고 확신한다. 그래서 카드뉴스도 한 장짜리로 만들어서 SNS에 올릴 때가 많다. 전략적으로 고객의 시선을 더욱 집중시키고자 할 때는 인스타그램 기능 중 하나인 릴스를 활용하는데, 이때는 동영상 콘텐츠가 필요하다. 동영상을 만들 때는 카드뉴스 한 장을 가장 앞쪽에 배치한 뒤 본론 영상이 나오는 방식으로 콘텐츠를 올린다. 몇 개월 전 업로드한 동영상도 이러한 방식으로 올렸는데, 첫 제목은 "이번 주도 콜드콜 영업 시이작"이라고 작성했다.

이 제목이 대단해 보이는가? 그저 단순하고 일상의 일부분일 것 같은 제목이지만, 이 콘텐츠를 6만 명 이상이 시청했다.

이 카드뉴스 콘텐츠 첫 장의 제목을 작성하게 된 아이디어는 SNS의 댓글로부터 시작되었다. 어느 날 내가 자주 활동하는 네이버 카페에 누군가 월요일이 출근하기 힘든 날이라고 글을 썼는데, 그 글의 댓글에 누군가가 "월요일은 원래 빡쎄게 시이작~"이라고 적어둔 것을 보았다. 월요일 출근이 힘들다는 것도, 힘들지만 일을 시작해야 한다는 것도 너무나 공감이 되었기에 복잡하게 생각하지 않고, "이번 주도 콜드콜 영업 시이작"이라고 적었다. 이런 작은 디테일이 많은 이들에게 나의 콘텐츠를 보게 하는 기회가 되었지만, 가장 큰 성과는 다름 아닌 이 콘텐츠에 등록된 댓글이었다.

"와, 대단하세요. 콜 화법 듣고 싶네요", "콜 화법 강의 한번 해주세요"라는 댓글이 달리기 시작했던 것이다. 일을 시작한다고 쓴 카드뉴스 한 장과 짧은 영상 하나가 강의까지 연결되는 흐름을 발견하게 되었다. 또 이 댓글을 보며 고객의 진심을 파악하고 시장조사를 하기 위해서는 SNS 댓글을 추적해야 생존할 수 있는 브랜딩을 할 수 있다고 확신하게 되었다.

무엇이 시장과 연결되는가를 살펴라

SNS의 댓글은 곧 시장과의 연결이다. 댓글이 없어도, 악의적이거나 긍정적인 댓글도 모두 고객의 피드백이 된다. 고객의 피드백은 곧 시장성과도 연관성이 깊다. 고객은 진실을 말해주기 전에 이미 내 곁을 떠날 결단을 하고 통보하기 때문이다. 시장과 나를 연결해 퍼스널 브랜딩을 하며 매출을 향상시키기 위해서는 고객의 마음을 알고 있어야 한다. 그래야 먼저 다가갈 수 있고, 그들의 마음을 사로잡을 한마디 멘트도 달라질 수 있다.

고객은 내 제품과 서비스에 불만족해서 떠나가는 것이 아니다. 마음을 알아주지 못하는 무심함에 떠나가는 것이다. 말없이 떠나가는 고객의 진심을 알아낼 수 있는 가장 쉬운 방법! SNS의 댓글을 역추적하는 것이 가장 쉽고도 빠른 길임을 명심하자!

광고 메일, 전화는 찾아서라도
보고 들어라!

디테일을 보는 힘

어릴 적 나는 부모님으로부터 '쓸데없는 소리 한다', '잡념이 많다', '이상한 생각을 한다' 는 말을 자주 들었다. 또 어릴 때부터 사람들의 말을 있는 그대로 믿지 않았고, 왠지 모르게 늘 말하고자 하는 상대의 본심을 파악하려고 애써왔다. 이것이 나름대로 나에게는 사고 흐름의 훈련이 되었다. 덕분에 남들이 잡아내지 못하는 작은 디테일을 나는 귀신같이 파악해내곤 한다. 그것이 아주 작은 부분일지라도 말이다.

사람들은 큰 이슈에 더 관심을 가지고 귀를 기울일 것 같지만, 신기하게도 정반대의 경우가 많다. 사람마다 자주 쓰는 말투, 표정 등 자신도 느끼지 못하는 습관 같은 것이 존재한다. 나는 이것을 보자마자 파악한다. 그리고 그것이 상대방의 마음을 읽을 수 있는 첫 단추인 것 역시 잘 알고 있다. 상대방의 특성이 눈에 보이기 때문에 그들의 아주 작은 특성을 파악해 그것을 말로 얘기해주면 흠칫하며 놀라움을 금치 못하기도 한다. 이런 디테일을 보는 힘이 상대방과 조금이라도 빠르게 가까워질 수 있는 나만의 무기인 셈이다.

그렇기 때문에 어떠한 것을 얻고자 할 때 비틀어보고 접목하며 융합해보려는 생각 훈련을 습관으로 만들면 작은 것 하나를 보더라도 비즈니스에 도움이 된다고 확신한다. 지금도 여전히, 내가 상대방의 본심을 파악하기 위해 잠시도 쉬지 않고 탐색하는 이유도 바로 그것이다.

광고가 정보로 보이게 하라

이처럼 상대방의 본심을 파악하기 위한 훈련은 SNS상에서도 지속할 수 있다. SNS상에 나오는 것은 주로 광고이지만, 나는 광고를 통해 얻고자 하는 목적이나 프로세스, 흐름 등을 자세히 살피곤 한다.

어느 날 SNS에 필요한 정보를 검색하던 중 분양상담사 커뮤니티를 발견하게 되었다. 그곳에서 작성된 글을 하나 발견했고, 나는 그 즉시 그 커뮤니티에 가입했다. 작성된 글은 보험광고 전화를 분양상담 전화 멘트에 대입해봤다는 내용이었다. 그리고 이 글 하나로 분양상담사 커뮤니티로 몰려오는 사람들이 한 달 만에

300명 이상으로 늘어났다. 나는 이것을 보며 마케팅 전략을 파헤쳐보기 시작했다. 여기에는 한 가지 중요한 마케팅 전략이 숨어 있었다.

관심이 전혀 없는 사람들에게 무작위로 걸려오는 보험, 대출, 분양 등의 전화는 모두 광고일 뿐이다. 그렇지만 타깃을 명확히 한다면 그것은 이제부터 누군가에게는 광고가 아닌 정보가 된다. 분양상담사 커뮤니티는 이 점을 활용한 것이다. 보험 전화는 광고였지만 이 멘트를 분양상담 광고 전화 멘트에 대입시켜본 것. 이것은 꽤나 괜찮은 마케팅 전략이었다. 자신들이 운영하는 커뮤니티로 사람들을 유입시켰고 그 안에서 정보를 주고받았다. 그만큼 타깃이 명확하다면 광고 메일이나 전화는 단순히 무시하고 넘길 것이 아니다. 마케팅을 어떻게 공격적으로 펼치고 있는지 배울 수 있고, 나의 시간을 아껴줄 수 있는 고마운 광고인 것이다.

광고 메일 덕분에 '설 대표'를 팔다

어느 날 마케팅과 관련하여 구독하고 있던 매거진 회사로부터 광고 메일 한 통을 받았다. 메일 제목에는 "(광고) 성공한 브랜드는 사라고 말하지 않는다"라고 쓰여 있었다. 이 제목은 내 눈을 한순간에 사로잡았다. 이 제목으로 카드뉴스를 만들어야겠다는 생각이 번쩍 들었다. 그리고 당장에 카드뉴스 여러 장을 합친 짧은 동영상을 제작하였다.

동영상 첫 부분에는 "성공한 브랜드는 사라고 말하지 않는다" 라는 텍스트를 넣었다. 두 번째 장에는 나를 브랜딩하기 위해 부연 설명을 하는 카드뉴스를 만들었다. "요즘 뜨는 브랜드의 비밀" 이라는 문구를 작성했고, 이미지는 포털사이트에서 내 이름을 검색하면 나오는 화면을 캡처했다. 공신력 있는 네이버 포털사이트에 내 이름이 검색된다는 것을 보여주며 신뢰를 얻기 위한 것이었다. 그리고 세 번째 장에는 "과정을 파는 시대"라는 문구를 작성해 넣었다. 그러면서 내가 운영하고 있는 인스타그램의 콘텐츠를 스크롤해서 꾸준한 활동을 하고 있다는 것을 어필했다. 마지막 장에는 "당신의 이야기가 가치를 만듭니다"라는 문구를 썼다. 그러곤 내가 꾸준하게 업로드한 유튜브 영상 목록이 스크롤 되는 영상을 넣어 신뢰도를 높였다.

이 동영상을 보고 사람들이 어떤 반응을 보일지 굉장히 궁금하고, 기대가 되었다. 그리고 결과는 정말 나를 감동케 했다. 댓글을 등록한 이들의 반응은 "과정을 파는 시대, 나의 이야기가 가치를 만드는 시대, 넘 멋진 말씀들이세요", "설 대표님 강의를 듣고 싶어요" 등 활기차고 긍정의 기운이 넘쳤으며, 덕분에 기운을 얻는다는 피드백이 많았다. 또, 동영상을 본 사람들이 '좋아요' 141개를 눌렀고, 6만 6천 명 이상이 이 콘텐츠를 보았으며 30명은 추후에 다시 보기 위해 저장했다.

뼈 때리는 남편의 훈수에서 배우다

광고 전화나 메일 등은 어느 것이든 자세히 볼 필요가 있다. 광고는 결국 돈을 쓰는 행위다. 돈을 쓴다면 효율을 측정하게 되는데, 이런 광고에도 데이터를 분석한다. 즉, 데이터 분석을 통해 효율성을 높이는 방법을 계속 찾아내는 것이 광고다. 이미 수많은 돈을 쓴 광고회사에서 하는 광고이니만큼 이들의 광고를 나의 것으로 활용해도 좋다.

나는 평소에 남편에게서도 마케팅 인사이트를 얻는다. 가끔씩 남편이 내가 하는 마케팅에 훈수를 두는 말을 한마디씩 하는데, 그럴 때마다 뼈를 맞는 기분이 들 때가 있다. 하루는 내게 남편이 "왜 매번 새롭게 하는 거야? 맨날 그렇게 새로 하니까 시간이 걸리고 힘든 거야"라는 것이다. 틀린 말이 하나도 없어서 반박을 하지 못한 게 억울했던 날이다.

매번 창의적이거나 매번 새로운 콘텐츠를 만들어낼 수는 없다. 늘 새로운 활동을 한다고 해도, 결국 남들이 이미 광고하거나 데이터를 분석하고 있는 경우도 있다. 따라서 시간을 아끼고 효율적으로 나의 성과를 만들어가기 위해서는 남들이 하고 있는 것에 나를 돋보이게 만들면 된다.

이제는 효율성과 스피드의 시대라는 생각이 지배적이다. 마케팅 업계에서 잔뼈가 굵도록 활동하다 보니 치열한 경쟁에서 살아남을 수 있는 방법은 남들보다 한 걸음 더 빠르게 무엇인가 해야 하고, 세상에 나의 콘텐츠를 내놓아야만 한다는 것을 알게 되었다. 처음 시작은 어설플지 몰라도 점차 콘텐츠가 쌓여가면 전문가로 인식될 수 있을 것이다. 그리고 그러기 위해서는 상대방에게 어떠한 것을 보일 것인가보다 무엇을 말할 것인가를 더 고민해야 한다.

사람들은 단순한 것보다는 눈에 띄고 돋보이는 것을 원한다. 똑같은 제품이나 서비스를 어떻게 전달하느냐에 따라 1만 원짜리가 10만 원처럼 보이기도 하고, 100만 원짜리가 1만 원짜리로 보여지기도 한다. 따라서 눈에 띄고 돋보여야 사람들은 쳐다보고 관심을 가진다.

작년에 시어머니께서 나에게 겨울 코트를 사주시겠다고 해서 백화점에 같이 간 적이 있었다. 매장에 들어가 마음에 드는 옷을 골랐는데, 입어볼 수 있는지 점원에게 물으니 창고에서 꺼내와야 한다고 했다. 잠시만 기다려주면 가져오겠다는 점원의 말에 10분 정도 기다려 옷을 입었는데, 창고에서 바로 가져와서 그런지, 굉장히 쭈글쭈글하고 실밥도 여기저기 묻어 있었다. 옷 가격은 50만 원이 훌쩍 넘었지만 5만 원으로밖에 보이지 않았다. 기분마저 상하려고 했기에 금방 매장을 나왔던 기억이 있다.

보이는 것이 전부는 아니지만, 고객의 눈에 보여지는 모습은 천지 차이였다. 보여지는 것 역시 무시할 수 없다는 것을 알게 된 것이다. 작은 것이지만 소홀히 할 수 없는 것 역시 보여지는 부분들이다. 그래서 나는 늘 눈에 들어오고 돋보이는 광고 메일, 전화를 찾아보고 듣는다.

동의어 사전을 늘
옆에 끼고 살아라

'거부'와 '기한'을 한 세트처럼 활용한 고객센터 매뉴얼

"고객님, 화상수업 거부 신청 맞으십니까?"

일곱 살 아들의 학습지 화상수업을 잠시 중단하기 위해 고객센터 상담원과 통화를 하는데, 상담원은 '거부'라는 단어로 나의 의중을 확인했다. 나는 분명 "화상수업 중단할 수 있나요?"라고 물었는데 상담원이 내게 돌려준 단어는 '거부'였던 것이다.

이 단어를 듣자마자 마치 다음 기회가 박탈될 것만 같은 느낌과 함께 왠지 모를 유쾌하지 않은 감정이 생겨나기 시작했다. 그래서 다시 상담원에게 "화상수업 거부라는 말은 다음에 재신청이 불가하다는 건가요?"라며 물었다. 그러자 상담원은 "그렇진 않은데요. 3년의 기한이 있고 2025년 10월까지만 화상수업이 가능합니다. 그러니 하루라도 놓치는 날이 없도록 빠르게 재신청해두는

게 좋으세요"라고 답했다.

'거부'라는 단어가 유쾌하게 느껴지진 않았지만, 단어와 함께 '기한'을 말하는 화법은 나에게 도움이 되겠다는 생각이 들었다. 이것은 고객센터의 시스템임을 느끼기에 충분했기 때문이다. 보통 고객센터 인바운드(걸려온 전화를 받는 전화 영업)의 경우 몇 가지 상담 원칙이 있는데, 회사마다 차이는 있지만 대표적으로는 주어진 스크립트(고객 대응 매뉴얼과 같은 자료)대로 고객 상담이 이루어져야 한다. 나는 내가 상담받은 것처럼 단어와 기한을 동시에 말하는 화법이 스크립트인지 아닌지 확인해보고 싶었다. 그래서 고객센터를 통해 여러 차례, 여러 상담원과 상담해본 결과 이 고객센터의 시스템 안에서 고객 대응이 이루어진다는 것, 즉 마치 '거부'와 '기한'을 한 세트처럼 말한다는 사실을 확인하게 되었다.

꽂히는 단어 하나면 충분하다

우연히 마주하게 된 한 단어 '거부'의 효과를 몸소 실감하고 난 뒤 이런 고객센터의 시스템을 나의 비즈니스에도 적용해봐야겠다고 생각했다. 현재 내가 주력하는 비즈니스는 콜드콜과 인스타그램 등을 활용해 광고주를 섭외하여 마케팅으로 이어지게 하는 영업 비즈니스다. 한마디로 온라인 콜드콜을 시도해 고객과 만남을 약속하는 콜드컨택까지 하며 광고 계약을 하는 고급 비즈니스 영업이다.

영업을 잘하기 위해서는 광고주를 섭외해 광고권을 따내는 일이 필수지만, 그 못지않게 '거절'을 처리하는 능력도 필수다. 왜냐하면 최종적인 목적은 클로징이며 바로 계약을 따내는 일이기 때문이다. 온라인으로 고객과 소통을 하기 위해서는 누구보다 고객을 많이 만나본 경험이 바탕이 되어야 계약률을 높일 수 있다. 온라인에서는 상대방이 이유를 대거나 거절하지도 않고 무반응일 경우가 많다. 적극적으로 상대가 갈망하고 꽂힐 만한 단어를 쓰며 영업해야만 나의 SNS 계정에도 관심을 가지고, 또 내 콘텐츠를 궁금해하고 보고 싶어 한다.

내가 궁금해서 내 SNS 계정에 찾아온 사람들은 과연 나의 어떤 모습을 기대하고 접속할까 생각해본 적이 있다. 결국 내가 내린 결론은, 콘텐츠가 매력적이어야 한다는 것이었다. 또 나를 찾아온 사람들에게는 내 모습을 꾸준하고, 친절하게, 신뢰가 가는 느낌으로 전해주고 싶었다. 다만 콘텐츠로만 이런 느낌을 전하기에는 한계가 있었다. 온라인에서는 데이터를 '그럴 것이다'라고 추정하는 데 그치는 경우가 많기 때문이다. 그래서 직접 오프라인에서 거절에 대한 경험을 보완해야겠다는 판단이 들었고, 남들이 느끼기에도 가장 하기 싫고, 두렵고 힘든 일이라고 느끼는 콜드콜을 시작했다. 내가 콜드콜을 선택한 이유에 대해 한껏 응원을 하는 듯한 고대 로마의 작가이자 풍자시인 푸블릴리우스 시루스의 명언이 눈에 띄었다.

"가장 높은 곳에 올라가려면 가장 낮은 곳부터 시작하라."

나는 이 말을 늘 가슴에 새기며 학습지 고객센터를 통해 느낀 단어와 시스템을 실제로 적용해보기 시작했다.

처음 콜드콜을 시도할 때 테스트한 단어는 '사유'였다. 콜드콜 도입 멘트에 "대표님, ○○○를 아직까지 신청하지 못하신 사유가 있으신가요?"라고 물었다. 그러자 '사유'라는 단어에 난색을 표하며 질겁을 하는 반응, 대답을 꺼리며 우물쭈물하거나, 갑자기 묻는 질문에 "됐어요"라며 전화를 확 끊어버리는 반응 등이 대부분이었다. '사유'라는 단어로 상대방의 주목을 끄는 데는 성공했지만 본론으로 진입하는 것은 매끄럽게 이어지지 않았고, 전화가 끊기는 경우가 발생한 것이다.

그래서 '사유'를 동의어인 '사연'으로 바꿔서 콜드콜을 시도했다. "대표님, ○○○를 아직까지 신청 못하신 사연이 있으신가요?"라고 묻자 반응이 놀라웠다. "그게… 사연이라기보다는 제가 사정이 생겨서…"라는 반응이었고 10명이면 8명이 부드럽게 답변하는 것이었다. 물론 '사연'을 묻는 이 멘트에 걱정스러운 뉘앙스를 담고, 마음이 쓰인다는 느낌이 담뿍 전달되도록 부드럽게 물어야 상대방도 동요하는 경우가 많았다. 이를 통해 나는 자연스럽게 본론으로 이어갈 수 있었고, "대표님, 현재 하반기에 많은 대표님들께서 신청하고 계세요. 소진이 빨리 되거든요"라며 '기한'을 나타내는 멘트도 같이 전하기 시작했다. 하나의 세트처럼 여러 차례 반복해보니 '아! 문장보다는 꽂히는 단어 하나가 사람들의 머릿속에 내 메시지를 각인시키는구나' 하는 소중한 데이터를 확보할 수 있었다.

단어 하나로 비즈니스를 증폭시켜라

콜드콜로 동의어에 대한 단어와 거절 처리 테스트를 수없이 해
보면서 얻은 결과는 내게 굉장한 성장을 가져다주었다. 수많은 거
절을 받으면서 감정 소모도 컸지만, 그럴수록 내 비즈니스에 필요
한 마케팅 재료들을 모은다는 생각으로 거절 데이터를 모았다. 특
히 같은 단어를 어떻게 사용하느냐에 따라 대화를 어떻게 리드해
갈 수 있는지 깨닫게 되었다. 그래서 지금도 나는 SNS 채널에 글
을 쓰거나 카드뉴스를 제작할 때마다 유사한 단어 여러 개를 나열
해두고, 전달하려는 메시지가 더 돋보이는 단어를 선택한다.

내가 동의어를 찾는 방법은 굉장히 간단하다. 네이버 포털사
이트를 통해 '동의어 사전'을 검색하면 '동의어사전—동의어 및 반
의어를 무료'라는 웹사이트가(https://korean.abcthesaurus.com) 나온
다. 나는 이 웹사이트를 통해 동의어에 대한 정보를 얻고, 같은 의
미인데도 어떤 단어가 더 편안한지, 강렬한지 등의 느낌을 빠르게
알아차린다. 비즈니스와 연결할 때에도 어떠한 단어가 더 유리하
게 작용할까 고민하며 단어를 사용하는 편이다.

그렇게 직접 테스트해보고 수많은 거절을 받아내며 수집한 거
절 데이터를 〈TM영업 필수공략서, "바빠요, 관심없어요" 말하는
고객 반론 Q&A 모음집〉이라는 카드뉴스로 기획해 인스타그램에
업로드했다. 이내 사람들은 "진짜 궁금하네요", "(Q&A 모음집) 기다
리고 있습니다"라는 즉각적인 반응을 댓글로 드러냈다. 나는 여기

서 그치지 않고 인스타그램 스토리에 동일한 카드뉴스를 올리고 "곧 공개(인친만)"(*인친=인스타그램 친구)라는 짧은 문장을 추가했다.

이 카드뉴스 한 장에는 3단계의 전략이 숨어 있다. 첫 번째는 〈고객 반론 Q&A 모음집〉이라는 아이템을 만든 것이고, 두 번째는 나의 아이, 즉 상품을 필요로 하는 잠재고객을 점차 모으는 것이며, 내 상품에 대한 수요조사를 하기 위한 목적도 있었다. 마지막 세 번째는 이렇게 모은 잠재고객에게 먼저 무료로 배포하면서 점차 상품을 업그레이드하여 유료상품으로 확장해 판매하는 전략을 세운 것이다. 이 전략을 성공시키기 위해 고객이 나의 콘텐츠를 소비하고 나의 시스템에 들어올 수 있도록 설계했다.

결국 콜드콜에 대한 거절 데이터를 모아 하나의 상품으로 만들었고, 고객을 모았다. 이렇게 모인 고객에게는 몇 가지 조건을 달성해야 무료로 받을 수 있음을 알렸다. 나와 인친이 되어야 하고, 고객정보 폼에서 개인정보 제공에 동의할 것 등이다. 또 카카오톡 친구 추가 후 자료 신청 메시지를 남긴 자에 한해 제공하는 고객 모집 자동 수익화 시스템도 만들었다. 이런 과정을 통해 나의 비즈니스 상품은 점점 더 업그레이드를 해나갔고, 여전히 이 〈고객 반론 Q&A 모음집〉 카드뉴스는 나의 비즈니스를 사람들에게 잘 알리는 증폭제가 되어주고 있다.

고객과의 연결통로를 찾아라

고객과 소통하는 카드뉴스의 필수요소는 고객이 꽂힐 만한 단어를 사용하는 것이다. 그러나 고객의 니즈를 파악하거나 고객이 꽂힐 만한 단어를 찾는 것이 어렵게 느껴질 수 있다. 그럴 때 내가 기획을 하는 방법은 하고자 하는 말에 해당하는 유사한 단어를 여러 개 나열하여 대입시켜보는 것이다. 같은 단어일지라도 맥락이 다르고 느낌이 다르게 느껴진다. '사유'보다는 '사연'이 더 부드럽게 느껴졌던 사례처럼 말이다.

나와 고객이 연결되는 통로는 바로 고객의 시선이 머물 수 있는 단어를 써주는 것이다. 고객은 자신과 비슷한 상대의 사람과 사용하는 언어, 느낌을 통해 이 사람이 나와 연결될 사람인지 아닌지를 판단한다. 그렇기에 카드뉴스를 만들 때도 무조건 잘 만들려고 하기보다는 고객이 자주 쓰는 단어를 넣어 만드는 편이 훨씬 고객의 시선을 사로잡을 확률이 높다.

한 번이라도 내 상식에서 벗어나 고객의 상식에 침투해 그들의 사고방식을 그대로 카드뉴스에 옮겨 적어보자. 그런 연습이 고객과의 연결통로를 확보하는 지름길이자 사람들에게 주목받을 수 있는 계기가 되어줄 것이다.

현수막과 전단지는
고객의 마음을 뚫는 내비게이션

새로운 나를 발견하게 해준 것

나는 직업이 굉장히 많다. 주부, 워킹맘, 작가, 1인 기업가, 컨설턴트, 유튜버 외에도 다양한 분야를 다루고 있다. 사실 시간이 가장 많이 투여되는 것은 아이를 돌보는 일이다. 아이를 돌보며 일을 해야 할 때 가장 중요한 것은 '효율성'이다. 시간을 효율적으로 써야만 이 많은 직업에서 요구하는 일들을 해나갈 수 있다. 육아를 하면서 내 일에 집중할 수 있는 시간을 확보하려면 시간을 쪼개고 쪼개야 한다.

내가 이렇게까지 시간을 쪼개며 살아가게 된 건 그리 오래된 일이 아니다. 광고대행사에서 일할 때는 야근은 숙명이었다. 6시에 퇴근하지 못하는 날은 가족에게 아이를 맡겨야 했고, 그런 횟수가 늘어날수록 가족의 불만과 서운함은 더해갔다. 시간과 상황에 쫓기는 일이 늘고 아이를 돌보지 못하는 시간들이 누적되면서, 조금은 천천히 가는 길을 선택하고자 퇴사하게 되었다.

그 뒤에는 아이가 어린이집에 가 있는 동안 내가 할 수 있는 일을 찾았다. 집에서도 할 수 있는 일을 찾아 다양한 시도를 해보았지만, 무언가 하고 있다는 생각보다 우선순위 없이 이것저것 일만 늘어놓는 느낌이 들었다. 그래서 우선순위를 정한 뒤 나의 하루를 기록해보니, 어떠한 일을 끝내고 다음 일을 해야겠다고 생각하며 미루는 일이 많았다. 그래서 이를 바로잡기 위해 결심한 것이 '아무것도 하지 않기'였다.

아무것도 하지 않을 용기

나는 잠을 줄여서라도 열심히 일해야 한다고 생각했다. 그렇다 보니 자는 시간이 하루 평균 네 시간 이하일 때가 많았다. 당시에는 그렇게 해야 한다고 생각했다. 그렇지만 피곤이 누적되어서인지 생각의 확장은 더디기만 했다. 잠을 못 잘 정도로 미친 듯이 일하고도 결과 없이 늘 같은 일상이 반복되었다. 그러다 문득 '내가 왜 이렇게 아등바등 살지?'라는 생각이 들었다.

이제껏 살아오면서 단 한 번도 나를 스스로 돌아보거나 나에게 특별한 시간을 제공하지 않았다. 매몰차게 절벽으로 밀어붙이기만 했다. 누구에게도, 내 몸과 나 스스로를 지키지 못할 정도로 미친 듯이 열심히만 일하는 것이 결과적으로 잘하는 것이 아니라는 말을 듣지 못했다. 하루종일 머리 싸매고 고민하고 생각해봐도 끝나지 않는 일에 오히려 더 집중했고, 해결되지 않는 문제를 지속적으로 고민했기에 나의 생각은 늘 한곳에 머물러 있었다.

그래서 '아무것도 하지 않기'를 결심하고, 정말로 아무것도 하지 않았다. 물론 기본적으로 아이를 돌보고 식사나 등하원 준비 등 생활은 해야 하지만, 무언가 하지 않았을 때 드는 죄책감에서 해방되기 위해 아무것도 하지 않아도 괜찮다는 생각을 스스로에게 심기 시작했다. 처음에는 내가 이렇게까지 아무것도 하지 않아도 괜찮은지 불안했지만, 점차 그런 시간을 늘려가자 마음의 여유가 생겨났다. 그리고 마음의 여유가 생기자 세상의 모든 것이 나에게 유익해 보이기 시작했다. 하루종일 머리 싸매고 고민했어도 해결되지 않았던 것들이, 아무것도 하지 않았을 때 오히려 문제를 해결할 만한 아이디어가 더 잘 떠올랐다.

현수막과 전단지는 고객에게 가는 내비게이션

어느 날 여느 때처럼 아이를 등원시키는 중이었다. 아이가 바닥에 떨어져 있는 명함 크기만 한 대출 전단지를 들어 올려 보고 있었다. 노란색 바탕의 그 전단지에는 급한 자금을 빌려준다는 문구로 빼곡했다. "△△까지 무한 대출!" "금리 □□%!" "연락처 ○○○-○○○○"

단순히 전단지만 놓고 보면 굉장히 평범했다. 그러나 그 전단지에는 사람의 시선을 사로잡는 특별한 한 가지가 있었다. 바로 남녀노소, 나이를 불문하고 대유행 중인 포켓몬빵 아이콘이 삽입되어 있다는 점이었다. 나는 이것을 보고 이런 전단지에조차 대유행하는 아이템을 넣어 비즈니스를 한다는 것을 알 수 있었다.

사람들이 많이 지나다니는 사거리 길목에는 다양한 업종의 광고 현수막을 흔히 볼 수 있다. 그중에서도 내가 최근에 본 것은 소상공인을 위한 최저금리 대출에 대한 내용이었다. '소상공인 정부자금 한도 1억, 특판 금리 2%, 선착순 마감, 연락처'가 적혀 있었다. 이 현수막에도 대상, 한도, 금리, 한정, 연결통로(연락처)를 써두었다. 즉, 고객이 궁금해하고 듣고 싶어 하는 말이 모두 포함되어 있었다.

사실상 현수막과 전단지는 퍼스널 브랜딩과는 거리가 멀어 보인다. 언뜻 생각하더라도 어디서든 흔히 볼 수 있는 현수막과 전단지에는 뻔하디뻔한 말들이 쓰여 있다. 그럼에도 불구하고 내가 현수막과 전단지를 일부러 받아보고 관찰하는 이유는 단 하나다. 내가 군이 노력하고 연구하지 않아도, 내가 해야 할 분야에 대해 힌트를 제공해주기 때문이다. 흔히 보는 현수막과 전단지에는 고객이 원하는 것, 듣고 싶어 하는 것, 궁금해하는 것이 정확히 쓰여 있다. 여러 가지 설명을 장황하게 써두어도 결국 고객이 듣고자 하는 것은 정해져 있기 마련인데, 전단지는 그 답을 아주 단순명료하게 전달해준다. 그래서 나는 고객이 어디에 집중하고 있는지 파악하기 위해 현수막과 전단지를 일부러 들여다보는 습관이 있다. 고객이 어디에 집중하는지를 알면 빠르게 나와 어떻게 연결 짓고 접목할 것인지를 찾을 수 있다. 고객이 집중하고 있는 것에 더해 내가 무엇을 해결해줄 수 있는지에 집중해 차별점을 어필한다면, 남들이 똑같은 것으로만 문제를 해결하려고 할 때 나는 다른 방식으로 접근할 가능성이 높아진다. 그리고 그 높아진 가능성은 나를 가장 빠른 길로 고객에게 데려다주는 내비게이션 역할을 한다.

원 소스 멀티 유즈를 이용하라!

사람은 몸이 하나이기에 여러 일을 동시다발적으로 꾸준하게 지속하기란 쉽지 않다. 게다가 여러 일을 하다 보면 생산성도 떨어지므로, 효율성 측면도 고려해야 한다. 그래서 많은 비즈니스맨들이 강조하는 것이 '원 소스 멀티 유즈(One Source Multi-Use)', 즉 하나의 콘텐츠를 책과 드라마, 영화, 게임, 공연 등 다양한 매체와 방식으로 판매하여 부가가치를 올리라고 말한다. 이것은 마케팅에서도 매우 유효한 방식이다. 하나의 소스를 여러 SNS 채널에 업로드하여 홍보하면 효과를 높일 수 있다.

나는 사람들이 각자 자신이 사용하기에 편안하고 익숙한 SNS 채널을 선호한다는 것을 알고 있다. 그리고 각 개인마다 선호하는 SNS가 다르기 때문에, 나의 콘텐츠는 한 가지 소스이지만 여러 채널에 형식만 바꿔서 제공하기로 했다.

이것을 통해 나는 온라인 자동화 시스템을 얻는 데 성공하기도 했다. 보험 분야 마케팅 대행을 할 당시 PDF 전자책을 판매할 목적으로 블로그와 유튜브, 인스타그램, 페이스북에 홍보했다. 홍보에 쓰는 주제는 한 가지였고 글과 영상, 사진으로 형태만 바꾸어 SNS 채널에 맞춰 업로드했다. 처음에는 PDF 전자책 홍보를 위해 블로그에 글을 작성했다. 그리고 이 글을 바탕으로 유튜브 영상을 찍어 올렸다. 한마디로 블로그 글이 유튜브 영상의 대본이 된 것이다. 그리고 이 영상의 하이라이트 장면을 캡처해 카드뉴스로 만들어 인스타그램과 페이스북에 홍보했다.

처음부터 PDF 전자책이 팔릴 것이라는 생각은 전혀 하지 못했지만, 시장과 잠재고객의 반응은 폭발적이었다. 무료로 배포할 것을 약속하고 고객의 정보를 받기 시작한 첫날부터 20명 이상의 고객 정보를 확보하였고, 이는 이 아이템의 가치를 측정할 수 있는 계기가 되었다. 이어 무료 전자책 PDF 제공이 마감되는 카드뉴스를 만들었고, 전자책 PDF 이미지를 넣어 D-3, D-2, D-1으로 지속 푸시했다.

이 원리를 통해 나는 하나의 주제를 더 다양한 분야에 적용할 수 있는 방법을 찾았고, 시스템을 만들어가는 공식을 발견했다. 여전히 나는 효율성과 생산성에 중심을 두고 원 소스 멀티-유즈를 활용하는 중이다.

클레임을 읽으면
고객의 니즈가 보인다

상대방의 불편을 사라

"아니~ 제발 이런 전화 좀 그만 왔으면 좋겠네요. 사람 바빠 죽 겠는데 맨날 똑같은 얘기하면서……."

"아, 그러셨어요? 대표님, 이런 전화 정말 많이 받으시나봐요."

"수도 없이 와요. 일도 못할 정도에요. 에휴."

"대표님, 그럼 그런 전화 받으시고 어떤 부분이 가장 불편하셨 어요?"

"어차피 해봐도 안 된다는 말만 하는 업체가 대부분이던데, 그 쪽도 똑같은 얘기 하려는 거 아닙니까?"

기업 대표자와의 방문 약속을 잡는 콜드콜 통화 내용의 일부이 다. 대표자들은 하루에도 수십 번 이런 전화를 받는다고 말해왔 다. 나 역시 하루에도 5~6통은 광고 전화를 받기에 대표자들의 마음을 충분히 이해한다. 그렇기 때문에 오히려 대표자들의 솔직한 마음을 들어보고 나서 그다음 본론으로 이어지는 대화를 이어갈 수 있었다. 때로는 가차 없이 전화를 뚝 끊어버리거나 욕을 하고 끊는 경우도 있지만, 무엇이 가장 불편했는지를 물었을 때 대답을 하는 대표자들도 더러 있다. 거의 대부분은 "처음에는 다 해줄 것처럼 와서 상담하고 가서는 연락도 안 되고, 뭣 때문에 일처리가 안 되는지조차 이야길 안 해주더라고요"라는 이야기였다. 즉 대표자들의 진심은 단순히 이런 전화가 불편해서라기보다, 책임감 없는 영업사원들의 모습에 신뢰를 잃었기 때문인 경우가 많았다. 나는 대표자들의 '불편'을 얻어낸 다음 그 불편했던 마음을 달래주었다. 그러자 불같이 화를 내던 대표들이 자신의 사정을 진솔하게 얘기했고, 점차 마음이 통하기 시작했다.

아무리 좋은 것을 준다고 해도 상대방의 진짜 마음을 모른 채 자기 이야기만 하려 한다면 절대로 상대방은 귀 기울여 듣고 싶지 않은 법이다. 일방적인 대화보다 상대방이 불편해하는 마음부터 읽고 나서 서로 대화가 된다는 느낌이 들 때, 그때에야 비로소 제대로 된 대화가 시작되는 것이라고 생각한다. 상대방은 들을 생각조차 없는데 일방적으로 내 말만 하고 있다면 그것만큼 황당하고 귀찮고 피곤한 일도 없을 것이다. 그렇기에 고객의 불편함도 잘 들어주는 것이 고객의 진짜 마음을 알 수 있는 방법임을 기억해야 한다.

클레임 고객에게 2배 더 세일즈하는 법

어느 날 지인으로부터 마케팅 성과 분석을 해달라는 제안이 들어왔다. 충분히 도움을 줄 수 있는 일이기에 시작하기로 했다. 그리고 담당자와 업무적인 소통을 하면서 경험한 이야기를 듣게 되었다. 네이버 스마트 스토어에서 제품을 판매하는 과정에서 배송 오류와 고객 응대 시점이 늦어져 작은 클레임이 될 것이 몇 배의 큰 클레임으로 번졌다는 것이다. 그런데 재미있는 점은, 그 와중에 고객의 마음을 잘 파악하고 캐치하여 오히려 업세일즈를 할 수 있었다는 것이다. 흥미로운 경험이었기에 나 역시 끝까지 이야기를 듣고 싶어 어떻게 업세일즈까지 하게 되었는지 물었다. 돌아온 답변은 이러했다. "고객이 불편했던 경험을 스스로 이야기하도록 질문을 던졌고, 나는 열심히 들어주었어요!"

이 담당자는 고객이 왜 클레임을 거는지 정확히 알고 있었다. 클레임이 있을 때 고객에게 가장 불편했던 것이 무엇이었는지 질문하면 고객은 한 가지만 이야기하지 않는다. 1에서 10까지 상황을 설명하고 불편한 점을 읊어준다. 그 이야기 속에서 진짜 클레임을 파악할 수 있다.

불편했던 경험을 고객 스스로 이야기하도록 하고, 그 과정에서 고객의 불편함을 파악하여 업세일즈를 하는 것이다. 클레임을 거는 고객에게 변명처럼 내가 열심히 했다는 것을 말해봐야 귀에 들어오지도 않고, 그것은 당연한 것이 되어버린다. 그렇기 때문에 클레임을 어떻게든 막고자 하는 마음으로 회사 측의 입장을 설명하는 것보다는 고객이 왜 그런 행동과 말을 하는지 먼저 듣는 것이 우선이다. 클레임 고객에게 가장 중요한 것은 경청이다. 고객의 이야기를 잘 듣고, 그 불편함을 해소할 수 있도록 서비스를 제공하며 소통한다면 업세일즈 역시 자연스럽게 이어질 수 있다.

고객의 마음을 먼저 잡아라

나는 어릴 때부터 상대방의 말을 들리는 그대로 듣지 않았다. 무슨 말인가 하면 그 사람이 간접적으로 빙빙 돌려서 하는 말인지 아닌지를 늘 곱씹어 들었다는 말이다. 그런 성향은 지금도 여전하다. 우리가 하는 말들 중에는 진짜가 아닌 말들도 많다고 생각한다. 연인 사이에서도 남자친구가 "화났어?"라고 물으면 여자친구는 "아니, 화 안 났어"라고 대답하지만, 그 대답은 결코 사실이 아닌 것처럼 말이다.

나는 콜드콜을 하면서 고객과 소통하는 법을 굉장히 많이 깨우쳤고 이를 카드뉴스 콘텐츠로 사람들에게 알리면서 나 자신을 브랜딩하기 시작했다. 나 역시 과거에는 내가 해야 할 말에만 집중하여 남의 말에는 크게 관심을 기울이지 않았다. 그렇지만 결국 모든 일에는 사람이 중심이 되어야 한다. 사람은 마케팅을 배우러 왔다고 해서 결코 마케팅에 대한 정보만을 원하지 않는다. 또 그 사람이 현재 처한 경제적 상황, 마인드 등에 따라 정보를 대하는 태도도 달라진다. 따라서 마케팅을 코칭하는 사람이라면 단순히 자신의 서비스만을 팔고 정보를 줄 것이 아니라, 상대방의 마음까지도 파악해야만 서로에게 신뢰와 확신을 가질 수 있다.

나에게 클레임이란 대화 속에서 진심이 담긴 작은 한마디를 찾는 것이다. 어느 날 콜드콜을 하면서 들었던 말이 있다. "그건 누구나 다 하는 말이지", "그런 말 정도는 나도 다 할 수 있죠"였다. 이 한마디가 나에게는 큰 충격을 안겨주었다. 나름 사람들과 마음을 교류하며 소통한다고 자부했지만, 그 말에 나는 '아! 결국 나도 똑같은 상담원이었구나!' 하는 생각이 들었다. 나 혼자서만 사람들의 이야기를 들어주고 있다고 생각했을 뿐, 내가 하는 말은 인터넷을 검색해보면 얻을 수 있는 이야기들이었다. 신뢰를 주고 있다는 생각으로 가득 차, 온갖 화려한 말로 혜택을 설명하면서 상대방을 설득할 수 있다고 나 혼자 믿고 있었던 것이다. 물론 그 타이밍에 내가 제시하는 서비스가 필요한 사람이라면 승낙하는 경우도 있겠지만, 그것은 꾸준하지 못하다는 것을 알게 되었다.

나는 이것을 있는 그대로 〈그 얘긴 누구나 할 수 있는 거지〉라는 한 장의 카드뉴스로 만들어 인스타그램에 올렸다. 그리고 "나만이 할 수 있는 말"을 해야겠다고 덧붙였다.

이 카드뉴스를 보니 나만이 할 수 있는 말이 필요할 것 같다는 댓글도 달렸고, 무엇보다 게시물을 저장하는 수가 늘었다. 그것을 보며 나는 고객이 원하는 것은 탁월하고 훌륭한 제품과 서비스가 아니라, 시간이 걸리더라도 마음을 먼저 공감하고 관심을 가져주는 것이라는 것을 깨달았다. 마음만 앞선 채 온갖 혜택을 설명

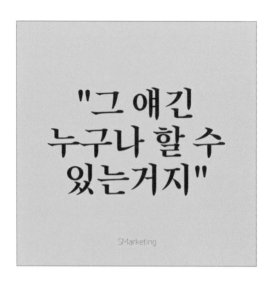

"그 애긴
누구나 할 수
있는거지"

SMarketing

하는 것이 아니라, 정말 상대방에게 무엇이 필요한지 가벼운 질문 하나 던지고 대화를 이어갔다면 상대방은 마음의 벽을 허물고 진솔한 자신의 이야기를 하지 않았을까?

마음이 전부다

어느 시점부터 나는 내가 가진 콜드콜 경험치, 마케팅 코칭 노하우, 카드뉴스 마케팅 노하우를 SNS에 공개하기 시작했다. 처음에는 내가 고생하고 얻은 노하우를 그냥 공개하는 것이 아깝다는 생각도 들었지만, 그것은 결코 나에게 도움이 되는 생각이 아니었다. 오히려 내가 노하우를 공개할수록 사람들이 내 주변으로 모이기 시작했고, 나를 전문가로 인식하며 신뢰하기 시작한 것이다.

나의 SNS 계정에 달리는 댓글만 봐도, 사람들이 오프라인에서 실제로 나를 본 적은 없지만 이미 몇 번을 만난 듯 나에게 신뢰를 보내고 마음을 주고 있다는 것을 알 수 있었다.

나는 사람들에게 느낌을 전달하는 것을 선호한다. 내가 만든 카드뉴스에 대한 첫 느낌, 처음 머릿속에 스치고 지나간 생각, 비슷한 경험이 있었는지 묻는다. 사람들의 반응과 피드백은 다양했지만, 이런 주관적인 질문에 더 크게 반응했다. 이 카드뉴스가 어떻게 만들어졌는지, 어떻게 쓰였을 때 마케팅 성과를 보게 되었는지 그리고 카드뉴스 마케팅을 배웠을 때 어떤 기대를 하며 활용할 수 있는지 등에 큰 관심을 보이기도 했다.

내가 스타트업 회사에 입사했을 때 대표님이 한 말이 있다. "세상에는 좋은 것과 더 좋은 것만이 존재한다"라는 말이었다. 10년이 넘었지만 나는 이 말을 들은 날부터 지금까지 머릿속 한곳에 걸어두고 되뇌곤 한다. 검색만 해보아도 세상에는 비슷한 제품과 서비스가 수십 개, 수백 개씩 생산되고 있다. 그런데도 사람들이 매번 문의하던 사람에게 다시 문의를 하게 되는 이유는 무엇일까? 다름 아닌 마음 때문이라고 생각한다. 클레임도 마찬가지다. 고객의 마음을 사로잡지 못한다면 클레임을 막을 수 없다. 고객의 마음을 먼저 잡아야 업세일즈, 재구매도 연결시킬 수 있다.

우리가 가장 먼저 해야 할 것은 제품을 노출하는 것이 아니라 내 고객의 마음을 먼저 잡는 방법을 찾는 것이다. 이 한 가지만 명심한다면 고객과의 소통에 실패하는 일은 없을 것이다.

업데이트 없이는
신규고객도 없다

작정하고 덤벼드는 사람의 속도를 느껴보기 위해

"돈 벌려고 작정하라."

1년 전에 내가 메모장에 적어두었던 한마디이다. 그리고 우연히 발견한 이 문구가 내 눈을 사로잡았다. 나는 이 문구를 들여다보면서 '그래, 뭘 하든 나에게 필요한 건 작정하고 시작해야 되는 거였어'라는 생각을 했다.

이제껏 막연한 삶을 살아왔다. 내가 하는 모든 활동이 미래와 어떻게 연결 지어질지 전혀 생각하지 않은 채 말이다. 그럼에도 조금씩 나아져가는 듯한 내 삶이 나쁘지만은 않았다. 계획한 일이 목표에 다다르고 그것이 약간의 성과로 느껴질 때면 세상을 다 가진 듯 뿌듯하고 기뻤다. 광고대행사에 근무할 때는 나름 내가 하는 마케팅 업무에 자부심도 있었고, 회사 내에서 영향력도 있었다. 그런 내게 마케팅 조직에서 일해본 경험이 없는 지인이 마케팅 보고서 작성법에 대해 문의해온 적이 있었다. 나는 마케팅 보고서 작성법 외에도 마케팅 데이터 분석과 광고주 소통법 등 내가 알려줄 수 있는 모든 것을 전해주었다.

그렇게 내가 하는 일에 나름대로 만족하고 있을 때, 그 지인은 어느새 마케팅 조직을 구성하며 시스템을 갖추어가고 있었다. 그 지인의 모습을 통해 작정하고 덤벼드는 사람의 속도는 추월차선을 탄 것과 다름없다는 것을 깨달았다. 내가 해야 하는 것은 지금의 자리에 만족하는 것이 아니라, 내가 가진 것을 바탕으로 미래와 연결 지을 실행력을 갖추는 일이었다.

이대로 가만히 있을 수만은 없었다. 누군가는 나를 통해 습득한 정보를 바탕으로 이미 조직을 구성하고 시스템을 갖춰가고 있다. 나 역시 내 미래를 위해서는 작정하고 실행하는 것이 필요했다.

그래서 '책을 써야겠다!'고 다짐했다. 내가 이제껏 시간과 돈, 사람을 통해 넘어지고 실수하고 실패했던 경험들 그리고 그 과정에서 얻은 노하우와 인사이트들을 책에 담아내서 사람들에게 공유하고 알려야겠다고 작정하게 된 것이다.

스스로를 업데이트하자 찾아온 놀라운 변화

무작정 책을 써야겠다고 마음은 먹었지만, 사실 내가 가진 콘텐츠에 대한 확신이 서지 않았다. 무엇을 해야 할지도 몰랐고, 또 당장 비용 면에서 투자를 할 수 있는 상황도 아니었다. 갈팡질팡하던 이때, 타이밍 좋게도 〈판을 바꿀 것인가? 판에 올라탈 것인가?〉라는 특강을 듣게 되었다. 책을 써야 하는 운명 같은 기회였는지, 특강을 해준 분은 지금 이 책을 출간할 수 있도록 도움을 준 라온북 출판사의 조영석 소장이었다.

《무기가 되는 책쓰기》(라온북, 2021)의 저자이기도 한 조 소장의 특강을 들으며 느낀 것은 '아! 내가 판을 바꿀 수는 없어도 판에 올라탈 수는 있겠구나! 그렇다면 가장 빠른 지름길은 책을 쓰는 것이겠구나'였다. 이런저런 상황을 살피며 하지 않을 이유만 따지고 있었다면 아마도 나는 이 책을 출간하지 못했을 것이다. 또 누군가는 나를 추월해 나아가고 있을 것이다. 정신이 번쩍 들었다. 누군가에게 나의 이야기를 공유하고 알리기 위해서는 나부터 바로 서야 된다는 생각으로, 당장 실행에 옮기기 시작했다.

그렇게 다짐하고 실행에 옮겼지만, '내가 왜 책을 쓴다고 했을까' 하며 스스로 머리를 쥐어박기도 했다. 내 책을 세상에 내놓는다는 부담과 책임감이 뒤따랐기 때문이다. 그렇지만 이런 과정이 있기에 꾸준한 마케팅 활동도 이어갈 수 있었다. 다른 사람들보다는 한발 앞서 있어야 누군가에게 내 이야기를 전하고 도움을 줄 수 있을 테니 말이다. 그래서 책을 쓰기로 작정한 날부터 진실된 이야기와 정보를 공유하고자 매일 나를 스스로 업데이트하기 시작했다. 그리고 찾아온 변화는 굉장했다.

고객이 찾아오게 만드는 노하우 3

책을 쓰려면 나만의 콘텐츠와 이야기들이 필요하다. 그래서 움직이지 않을 수 없었다. 또, 마케팅은 수시로 업데이트되고 변화가 굉장히 빠른 영역이기에, 내가 실행하지 않으면 책 원고를 써 내려갈 수 없었다. 심지어 나는 비즈니스 파트너와 함께 퍼스널 브랜딩 코칭을 하고 있던 터라 시간도 효율적으로 써야 했다. 수강생도 관리해야 하고, 책 원고도 써야 했고, 아이도 돌봐야 했다. 그럴 때 집안 행사는 어째서 꼭 연달아 생겨나는지.

그래서 효율적으로 일을 할 수밖에 없었다. 그 과정에서 시간을 많이 쓰지 않으면서도 내 일을 제대로 챙기며 고객이 나를 찾아오게 만드는 노하우를 찾아냈다. 여기 그 세 가지를 공유하고자 한다.

첫째, 나를 드러내기

코칭을 하다 보면 사람들은 빠른 성과를 내기 위해 정보에 목말라 한다. 특히 기술적인 것을 전수받길 원한다. 본질은 그것이 아니라고 설명해도, 생업을 유지해서 돈을 벌어야 하기에 마음이 조급해지는 것이다.

그럴 때일수록 나는 세상에 스스로를 드러내놓으라고 권하고 싶다. 처음부터 즉각적이고 쉽게 돈을 벌 수 있는 노하우가 있다면 좋겠지만 세상에 그런 것은 없다. 고객이 나를 찾아오게 만드는 일은 쉽지 않으며, 또 꾸준함이 필요하기 때문에 자신을 먼저 세상에 드러내야 하는 것이다. 그리고 세상에 나를 드러내는 방법은 굉장히 쉽다. 거창하지 않아도 되고, 처음부터 잘할 필요도 없다. 지금 하는 생각, 내가 오늘 하루를 보내며 느낀 점 등 나의 일상을 SNS 플랫폼에 노출하는 것이다. 이것이 나를 드러내면서 돈을 벌 수 있는 기초가 된다.

둘째, 내가 누구인지 알리기

처음에는 SNS 플랫폼에 익숙해질 시간도 필요하다. 처음부터 잘하려고 욕심을 낸다면 꾸준하기가 쉽지 않다. 콘텐츠를 지속적으로 노출시키며 업데이트 해나가야 한다. 콘텐츠를 차곡차곡 쌓으며 내가 무엇을 하는 사람인지, 어떤 문제를 해결해주는 사람인지 알려간다. 그래야 사람들도 헷갈리지 않는다. 물건을 파는 사람인지, 물건을 팔면 어떤 상품을 파는지, 내 콘텐츠를 보며 구매할지 말지를 고객이 스스로 느끼고 판단하도록 만들어놓아야 하는 것이다.

셋째, 나의 하루를 어떻게 만들지 정하기

일요일 저녁이면 이불킥(이불 속에서 발길질을 하는 행위)을 한 적이 많았다. 월요일이 다가오는 것이 끔찍했기 때문이다. 월요일 아침이 되면 '회사 가기 싫다'는 생각을 굉장히 많이 했는데, 그것은 도움이 되지 않았다. 회사에 다닐 당시에는 그런 생각이 내게 도움이 되지 않는다는 생각조차 하지 못했는데, 누군가 내게 "나의 하루는 내가 정하는 것이다"라는 말을 해주었다. 그래서 나는 매일 아침 거울을 보며 '오늘 너의 하루는 행운이 가득한 날이 될 거야. 웃음 가득한 하루를 보내자'라고 마음먹고 시작한다.

나의 하루를 어떤 하루로 만들어갈지는 내가 정하는 것이다. 그리고 내가 정하는 하루는 누군가를 위해 보내는 하루와는 차원이 다른 결과를 낳는다.

과정이 가치를 만든다

사소해 보이는 것들도 사실상 지속하기란 쉽지 않다. 그런데 사소해 보이는 것을 지속한다면 어느새 내가 목표한 것들이 이미 이루어져 있음을 발견할 수 있다. 나는 오바라 가즈히로가 퍼낸 《프로세스 이코노미》(이정미 옮김, 인플루엔셜, 2022)라는 책을 좋아한다. 이 책은 '과정'이 '가치'를 만든다고 강조한다. 완성품이 아닌 과정(프로세스)을 파는 전략이 앞으로 마케팅 전쟁에서 살아남을 경쟁력이라고 설명하고 있다.

그러기 위해 우리가 지금 당장 작정하고 실행해야 할 것은 업데이트이다. 과정 없이, 업데이트 없이 돈을 벌고자 하는 생각은 굉장히 위험하다. 내가 세상에 얻고자 하는 것이 있다면 나도 내어줄 수 있어야 한다. 그러려면 지속적이고 꾸준한 업데이트가 필요하고, 그것을 통해 새로운 고객을 맞이해야 한다. 새로운 고객은 나의 제품과 서비스에 반하지 않는다. 꾸준히 업데이트하는 과정과 기록된 콘텐츠를 보며 나를 선택하게 될 것이다.

정부 기관의 카드뉴스는
검증된 '트렌드세터'다

정부 기관의 콘텐츠가 믿을 만한 이유

최근 한 기사를 보게 되었다. "정부가 돈 흐름 좌우하는 시대⋯육성 산업을 주목하라"(윤진호, 〈조선일보〉, 2022. 11. 25.)라는 기사였다. 코로나 이후 러시아-우크라이나 전쟁을 겪으면서 원자재 인상과 금리 인상을 지켜볼 수밖에 없는 시대를 경험하고 있다. 이같은 기사를 접했을 때 나는 꼭 기사에 언급되어 있는 정부 기관의 홈페이지를 방문해본다. 앞에 소개한 기사 제목과 같이 정부가 돈 흐름을 좌우하는 시대이고, 돈과 힘을 어디에 실어줄 것인지를 알 수 있는 곳이기 때문이다.

정부 기관 홈페이지를 방문할 때는 현 정부에서 가장 중요하게 홍보하고 있는 것이 무엇인지 파악하는 일에 주안점을 둔다. 정부의 국정과제는 홈페이지에 접속할 때 메인 팝업창으로 띄우거나 중복적으로 작성되는 경우가 많다. 또 카드뉴스로 쉽고 보기 좋게 제작하여 홍보한다. 특히, 새 정부에 들어서며 〈110대 국정과제〉 최종본을 공표했는데, 여기에는 ESG에 관한 내용이 여러 번 쓰여 있다.

이는 ESG를 핵심 정책 목표로 삼겠다는 의미이기도 하다. ESG 에 관련해 새로운 조직이 구성되면서 기술 연구개발(R&D), 인력 양성, 특별법 마련, 수출산업화 강화는 물론 향후 5년간 60조 원 이상 투자 방침을 세웠다. 돈과 힘이 여기에 집중된다는 뜻이며, 국내 굴지의 대기업들의 움직임도 ESG로 옮겨가고 있다.

정부 기관의 콘텐츠가 믿을 만한 이유

나는 사회초년생 시절부터 약 8년 정도 정부 기관에서 공무원 업무를 수행했다. 정부 기관의 업무 프로세스는 철저히 상위직급 자들의 보고와 결제 체제로 움직인다. 한마디로 내가 단독으로 움직일 수 없는 체제이다. 그래서 장점과 단점이 공존할 수밖에 없다.

장점은 여러 단계를 거치기 때문에 업무를 하는 데 안전하다고 여겨지는 것이다. 그렇지만 이것이 오히려 단점이 되기도 한다. 문제가 발생했을 때는 곧바로 실무자 책임으로 돌아오므로 애초 부터 실무자는 근거와 출처, 논리를 철저하게 문서 안에 명시해두 어야 한다. 이 문서 하나에 인사고과 점수의 당락이 결정되기도 하고, 때론 자신의 자리가 위태로워질 수도 있기 때문이다. 8년 전 내가 일할 당시에도 철저했으니, 상당한 시간이 지나 시스템이 더 견고해진 지금은 더 철두철미해졌으리라 예상한다.

철두철미한 프로세스만큼이나 정부 기관에서 내놓는 콘텐츠 역시 많은 이들의 눈과 손을 거쳐 탄생하게 된다. 여러 단계를 거치고 국민에게 제대로 된 정보를 제공해야 하기에 허투루 진행되지 않는다.

따라서 정부 기관의 콘텐츠는 유심히 살펴볼 필요가 있다. 콘텐츠 자체가 탄탄하게 구성되어 있을 뿐 아니라 정부에서 진행하는 정부 지원사업, 즉 정부 예산을 깊이 반영하고 있기 때문이다. 또 집중해야 하는 정부 정책과제가 드러나 있다. 정부 기관은 이를 홍보해야 하고 성과 보고도 해야 한다. 따라서 정부 기관에서 발행하는 콘텐츠를 살펴볼 때는 단지 콘텐츠 자체만으로 판단하기보다는 이 콘텐츠를 왜 만들었는지 생각해볼 필요가 있다. 예산을 쓰는 일은 더욱 빈틈없이 업무 처리를 해야 하기에, 문제가 발생되어 정부 기관의 이미지가 실추되지 않도록 하는 것도 공무원의 역할이다. 그래서 실질적으로 콘텐츠를 제작해주는 대행 회사와 계약을 하여 완성도를 높이고, 문제가 생기지 않도록 카피 구성, 콘텐츠 색상, 배열 등에도 신경을 쓸 수밖에 없다.

정부 기관의 카드뉴스는 말한다

내가 가장 인상적으로 본 정부 기관의 카드뉴스는 '환경안전통
합관리시스템 구축으로 중소기업의 ESG 경영 역량을 강화합니
다'였다. 나는 이 카드뉴스에서 '통합관리시스템 구축', 'ESG 경영
역량'이라는 키워드가 눈에 들어왔다. 여기에 돈과 힘이 집중된다
는 의미이고, 시스템 구축과 역량을 강화한다는 것은 고용 창출에
대한 예산이 편성된다는 말이기 때문이다. 환경부에서 제작해 홍

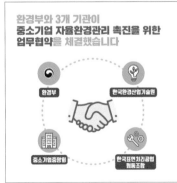

보하는 이 카드뉴스에는 업무협약을 체결한 기관명이 기재되어 있었다. 그래서 해당 기관의 공식 SNS 채널에 찾아가 어떤 활동이 이루어지고 있는지를 확인했다. 그런데 업무 체결을 한 기관이 세 곳인데 대부분 특별한 활동을 하지 않거나 공식 SNS 채널이 없는 곳도 있었다. 그렇다면 이 기관에서 하는 시스템 구축과 ESG 역량강화를 위해 홍보나 마케팅을 담당할 전문인력이 필요할 것이란 판단이 들었다.

앞서 말한 것처럼 정부 기관에서 제작한 카드뉴스 콘텐츠는 예산과 밀접한 관계가 있다. 카드뉴스가 전달하는 정보 속에는 예산이 어디에 집중되는지가 드러나기 마련이다.

국정과제를 시행하는 일 가운데 단순한 필요에 의해서 시행되는 것은 단 하나도 없다. 예산이 책정되는 기준은 국가가 중점적으로 두고 있는 사안에 따라 결정된다. 또한 국책사업을 집중하고자 하는 곳에 예산을 쓰기 때문에 정부 기관별 카드뉴스를 서칭하는 일은 국가의 사업 전망을 보며 비즈니스의 흐름을 읽는 데에도 큰 도움이 된다.

정부 기관으로부터 역제안을 받다

이런 이유에서 정부 기관의 카드뉴스를 잘 살피면 자신의 비즈니스에 도움이 될 지원 혜택을 찾을 수 있고, 역으로 정부 기관에 제안을 할 수도 있다. 나는 정부 기관에서 나를 발견하도록 일부러 마케팅을 진행한 경험이 있다. 이때 나는 우선 정부 기관의 공식 SNS를 열심히 찾아다녔다. 적극적으로 참여 의사를 밝히는 댓글을 달고 국책사업에 대한 국민 의견도 남겼으며 열심히 '좋아요'도 눌렀다. 그리고 시간이 흐른 뒤 한 정부 기관으로부터 연락이 왔다. 내게 카드뉴스 제작을 맡기고 싶다면서 말이다. 나를 찾아오도록 만든 전략이 먹혔다!

담당자와 소통하면서 어떻게 나를 알고 연락을 했는지 물었다. 그러자 자신이 해당기관의 공식 SNS 담당자는 아니지만, 겸업을 하고 있는데 유일하게 나의 댓글이 자신의 업무를 줄여주고 인사이트를 주었다는 것이었다. 수많은 댓글을 달았기에 정확히 기억은 안 나지만, '내가 한 활동들이 삽질만은 아니었구나', '언젠가 이런 노가다성 활동도 빛을 보게 되는구나' 하는 생각이 들었다. 나는 그것을 계기로 1인 창업 비즈니스를 할 수 있었고, 덕분에 내 고객층을 개인에서 기관으로 확장하는 성과를 낼 수 있었다.

정부 기관을 고객으로 만들 수 있는 능력은 누구에게나 있다. 지금 당장 방법이 떠오르지 않고, 시도하고 도전하려는 마음이 부족할 뿐이다.

나는 내가 가진 지식과 경험을 카드뉴스로 전달하고 그것을 사람들이 알아주는 댓글을 볼 때 큰 보람을 느낀다. 내가 그동안 살아남기 위해 고군분투해왔던 시간들 속에서 많이 틀려보고 아파보고 빚도 져봤기 때문에, 내 부족함 뒤에 상대방의 마음도 보이는 것이다. 그래서 나는 내 고객이 정부 기관이라 하더라도 절대 태도를 다르게 하거나 더 줄 것을 덜 주려는 '얍삽한' 마음을 가진 적이 단 한 번도 없었다. 실제로 이 카드뉴스에서 말하는 내용이 소비자에게는 어떻게 받아들여질까, 어떻게 한눈에 보기 쉽게 알려줄 수 있을까를 고민했다. 정부 기관의 카드뉴스는 검증된 트렌드 세터가 맞다. 돈이 어디에서 어디로 흘러가는지, 돈은 어디에 집중되어 있는지 그리고 그 흐름 속에 내 고객은 어디에 있는지까지 알려주니까 말이다.

삽질을 최소화하는
콜드콜 질문법

무엇이 다른 걸까

나에게는 늘 인사 없이 본론만 말을 해도 찰떡같이 받아주고, 어떤 농담을 해도 유연하게 받아주는 지인이 있다. 나와는 다섯 살 터울의 언니인데 내가 무슨 말을 해도 어깨를 들썩이기까지 하며 박장대소하는 그런 사람이다. 눈치도 빨라서 때론 내가 보지 못하는 작은 부분까지 적절한 타이밍에 적절한 행동 요령을 알려주곤 했다. 기분이 나쁘지 않게 이야기하는 것도 큰 장점이다.

그래서일까? 그녀의 주변에는 늘 사람들이 가득했다. 그녀를 보면서 부럽다는 생각도 했고, 어떨 땐 얄밉다는 생각도 했다. 나와는 반대의 성향으로 처음 만나는 누구와도 서슴없이 대화를 주고받고 친근하게 다가가는 것이 참 신기했다. 나는 누군가와 친해지려면 수개월이 걸리는데 말이다. 그래서 '무엇이 다른 걸까?' 하고 종종 생각했다. 그리고 함께하는 시간이 길어질수록 그녀가 사람들과 친근하게 관계를 맺는 방법을 하나씩 발견하게 됐다. 그중 가장 큰 것이 바로 '공감'이었다. 그녀의 공감 방식은 액션도 크고 얼굴 표정도 다양했다. 나름 애교도 있는 성향 탓에 웃으면서 할 말 다 해도, 사람들은 기분 나빠하기보다 분위기 메이커라는 별명까지 달아주었다.

어느 날 점심을 먹고 나서 커피를 마시던 중이었다. 나는 인스타그램 릴스 영상을 찍기 위해 커피숍 전경을 스마트폰으로 촬영하고 있었다. 그때 내가 촬영하고 있는지조차 몰랐던 그녀가 나에게 "어머, 뭐야. 설 감독이야? 감독 진출하려나 봐. 포스가 남달라" 라고 말하는 것이 영상에 함께 담겼다. 나는 약간 투덜거리는 말투로 "아니, 왜 그 타이밍에 말을 하고 그래? 편집 없이 올리려 했는데 뒷부분을 잘라야 되잖아"라고 했다. 물론 그녀가 응당 기분 나빠하지 않을 것이라는 생각에 다소 짜증 섞인 듯 말했던 것이다. 그런데 그녀는 손바닥을 맞부딪히고 박장대소하면서 내게 "어머, 말투도 NG, NG! 하는 진짜 감독 같잖아~ 몰랐어~ 한 번만 봐줘"라고 말하는 것이었다. 그런 그녀의 모습이 인간적으로 보이기도 하고, 놀랍기도 했다.

공감을 사고 마음을 사로잡는 대화 방식
그녀와 대화를 할 때면 내가 오히려 더 신나서 이야기를 하게 될 때가 많았다. 오랜만에 뿌리염색을 하고 나타난 나와 그녀의 대화는 오로지 나에게 맞춰져 있었다.

"오, 염색하니까 분위기가 완전 달라졌는데?"

"아, 그래? 진짜 미루고 미루다 했어. 이번에 안 하면 안 될 거 같아서."

"우와~ 뿌리염색만 했는데도 분위기가 확 바뀌네. 이야, 이쁘다."

"뭐야? 뿌리염색 한 번 한 거 가지고. 뭐가 큰 차이가 난다고."

"왜? 내 눈에는 뿌리염색만 해도 분위기가 확 달라 보이는데. 뿌리염색만 했는데도 이 정도면 진짜 제대로 꾸미면 난리나겠구만."

"으이그, 오늘 언니 하고 싶은 거 다 해. 뭐가 먹고 싶은 거야?"

그녀와의 대화를 통해 알게 됐다. 이런 일상의 대화에서조차 말을 하는 관점은 듣는 이에게 맞추어져야 한다는 것을 말이다. 사실 뿌리염색을 했다고 얼마나 사람이 크게 달라 보일까 싶지만, 듣는 이에게 초점을 맞추어 적절한 이야기를 던지면 대화의 중심이 잡히게 된다. 즉, 한 가지 주제를 가지고 듣는 사람의 공감을 사고 마음을 사로잡는 그녀의 대화 방식을 발견하게 되었다.

마음을 사로잡는 카드뉴스 기술

그렇게 그녀를 통해 나도 사람들의 마음을 사로잡는 기술을 알게 된 셈이다. 그녀의 공감 능력과 적절한 질문 이후 바로 따라오는 칭찬이 참 매력적으로 느껴졌다. 사람은 듣는 것보다 자신의 이야기를 들어주는 것에 더 고마워하며, 상대방에게 자신의 마음을 솔직하게 드러낸다.

나는 이것을 카드뉴스 마케팅 전략에도 활용해야겠다고 생각했다. 그러려면 나도 연습이 필요했다. 사실 목적 없이 상대방의 말을 끝까지 듣는다는 것은 쉽지 않다. 내 상품을 설명해야 할 타이밍을 머릿속에 생각하고 계산하다 보면 상대방의 말에 집중하지 못하고 "네? 아, 네" 하고 의미 없는 반응만 하게 될 뿐이었다.

우선 콜드콜을 해보면서 하나씩 듣는 연습을 했다. 듣는 연습을 하다 보니 어느새 '여보세요'라는 멘트만으로도 상대방이 어떤 말을 듣고 싶어 하는지 들리는 시점이 있었다. 하루는 상대방이 "제발 이런 전화 안 왔으면 하는데…… 지금 999번째 전화 받는 거예요"라고 말했다. 그런데 이 말은 내 귀에 "전화를 많이 받지만 원하는 답을 얻지 못했어요"라고 들렸다. 그래서 나는 "아, 그러셨구나. 전화를 많이 받으시는가 봐요"라고 했고, 상대방은 "말도 못해요. 일도 못 할 지경이에요"라고 말했다. 나는 다시 "아, 그렇죠. 전화 많이 받아보셨지만 원하는 답을 얻지 못한 게 있으신가 봐요"라고 했고 상대방은 내게 "그렇죠. 사람들이 많이 오고 가고 하는데. 어휴, 그래봤자 연락도 안 되더라고요"라며 솔직하게 답을 해왔다. 그리고 이어 상대방은 "거기도 그런 사람들이랑 같은 일 하는 거 같은데 수익구조가 뭡니까?"라고 물었다. 나는 듣는 연습을 많이 해두었고 나름 상대방이 하는 말의 본질을 조금이나마 알아가고 있는 단계였다. 그래서 "네, 다른 대표님들도 많이 궁금해하시거든요. 이 부분은 사실 지금 단계에서 설명드릴 내용은 아니지만 대표님께선 안목이 있으시니, 그 안목으로 선택해주시면 되는 겁니다. 방문해서 설명드릴 텐데 오전 시간대가 편하신가요?"라고 말했다. 여기서 가장 핵심 단어는 '안목'이다. 이 단어를 사용해 방문 약속 클로징을 했을 때 열 명이면 아홉 명이 수락하는 결과를 얻었다.

또 콜드콜로 듣는 연습을 하며 알게 된 것은, 상대방에게 명분 없는 칭찬은 오히려 독이 될 수 있다는 것이다. 그래서 의미 없이 하는 칭찬 말고 대화 중 은은하게 꽂히는 긍정적인 단어를 사용해 칭찬했다. 그 덕분에 지금 나의 인스타그램에 꾸준히 업로드 되고 있는 〈퍼스널 브랜딩 핵심 특강〉 카드뉴스가 탄생하게 됐다.

이것은 퍼스널 브랜딩에 대한 핵심 특강 코너를 카드뉴스로 만들고, 메인 주제를 짧게 작성한 것이다. 상대방에게 질문을 했을 때 얻게 될 놀라운 일을 설명하고 싶은 마음이 사실 이 카드뉴스가 만들어지게 된 배경이다. 그렇다 보니 장황한 설명보다는 누구라도 보자마자 이해가 될 수 있는 콘셉트가 필요했고, 그 콘셉트가 퍼스널 브랜딩 핵심 특강이 된 것이다.

핵심 특강이라는 표현을 적었으니 이제 필요한 것은 주제였다. 첫 번째 주제는 '스토리텔링 잘하는 법'이라고 썼다. 다음으로는 이 주제에 걸맞은 내용이 필요했다. 내가 콜드콜을 통해 얻은 것을 하나의 게시물에 풀어놓기에는 너무나도 할 말이 많았다. 그래서 인스타그램 설명란에는 스토리텔링을 잘하기 위한 핵심 세 가

지만 적었다. 그러자 사람들이 나의 카드뉴스를 공유해가기 시작
했고, 핵심 세 가지를 적용해보겠다는 댓글도 달리기 시작했다.

가장 평범함이 비범함이다

9년 전일 것이다. 스타트업 광고대행사에서 근무할 때 대표님
이 해준 말이다. 초등학교 시절 교장 선생님께서 해주신 말씀이라
고 했다. 경험이 부족하고 보는 관점도 넓지 않은 시절의 나는 "가
장 평범함이 비범함이다"라는 대표의 말에 콧방귀를 뀌었었다. 비
범하면 더 비범해지고 남들보다 더 잘나가야지, 왜 평범함이 비범
함이라고 하는지 이해하지 못했다. 9년이 지난 지금은 이 말에 담
긴 속뜻이 무엇인지 알게 됐다. 나도 조금은 성장을 했다고 할 수
있겠다.

가장 평범하지만 가장 기본이 되는 것에 마음을 쓰고 나보다
상대방이 솔직하게 말을 할 수 있도록 상대방의 말에 귀를 기울여
잘 들어주며 공감하는 것. 이것이 기본이 되어야 보이지 않는 부
분을 상대방에게 보이게 하고 느껴지게 만드는 것이라 생각한다.

인스타그램, 블로그, 유튜브만으로 소통하는 카드뉴스 마케팅 전략

되고 싶은 나를 먼저 생각하라

SNS 채널은 블로그, 카페, 인스타그램, 유튜브, 틱톡 등 종류가 많다. 한 가지만 잘하기보다는 여러 가지를 모두 잘해야 할 것만 같고, 신경 쓸 것도 너무나 많다. 계정을 운영할 때 전략 없이 콘텐츠를 업로드하더라도 처음에는 보는 이들이 많지 않지만 점차 콘텐츠가 누적되고 쌓이다 보면 사람들의 반응이 생겨나는데, 그럴 땐 콘텐츠를 올리기 전 리스크 방지를 위한 시간이 필요하기도 하다.

SNS 채널은 누구나 쉽게 접근할 수는 있지만 그렇다고 누구나 다 이를 통해 퍼스널 브랜딩에 성공하고 수익을 내지는 못한다. 그래서 SNS로 돈을 번다는 사람들과 나를 비교하게 되고, '과연 내가 저 사람들과의 경쟁에서 이길 수 있을까?' 하고 생각하며 시작부터 어려워하는 사람들도 더러 있다. 하지만 그들도 처음 시작은 작고 소소했을 것이고, 지금 위치에서 하는 고민들도 역시 별반 다르지 않을 것이다. 왜냐하면 퍼스널 브랜딩 시장에서 리더로 활동하는 사람이나 자신의 이름이 곧 브랜드인 현업작가들도 실제로 만나서 이야기를 듣다 보면 그들이 느낀 어려움이 한두 가지가 아님을 알 수 있기 때문이다.

그렇기 때문에 SNS 채널에서 카드뉴스 마케팅을 통해 퍼스널 브랜딩을 하려는 사람에게 나는 가장 먼저 '내가 되고 싶은 나를 먼저 생각하라'고 말한다. 내가 되고 싶은 나를 먼저 생각하고, 해야 할 것의 우선순위를 정하는 것이 지금 당장 할 수 있는 일이다.

나와 맞는 채널을 선택하라

사람은 누구나 자신과 잘 맞는 성향의 사람들과 소통하기 마련이다. SNS도 마찬가지다. 내 성향에 맞는 채널이 존재한다. 그렇기에 '어떤 이가 인스타그램으로 대박 났다더라', '블로그로 한 달에 돈 많이 번대' 등의 소문에 귀를 쫑긋할 필요가 없다. 나에게 맞는 SNS 채널을 선택해 꾸준히 콘텐츠를 발행하는 것이 좋은 전략이 될 수 있다.

그렇다면 어떤 기준으로 나에게 맞는 SNS 채널을 선택할 수 있을까? 자신이 자주 사용하고 사용하기 편한 SNS 채널을 선택하면 된다. 일곱 살인 내 아들도 유튜브 영상 콘텐츠를 기획하고 찍기도 하는데, 그처럼 자기가 사용하기 편하고 접근이 쉬운 채널을 먼저 선택하는 것이 좋다.

SNS 마케팅 컨설팅을 할 때의 일이다. 한 수강생이 문의를 해왔다. "SNS 채널이 많은데 이것도 하고 저것도 다 해야 하나요? 꼭 해야 할 필수 채널이 있나요? 그것부터 하려고요"라고 말이다.

사실 나의 답은 정해져 있었다. SNS를 활용해 퍼스널 브랜딩을 하고, 카드뉴스 마케팅도 하고 수익화까지 연결하려면 반드시 운영해야 하는 채널은 "인스타그램, 블로그, 유튜브입니다"라고 말이다.

하지만 SNS는 습관이다. 습관이 잡혀 있지 않은 상태에서 필수 채널이라고 설명하는 것이 과연 옳은 조언인가 하는 생각이 들었다. 그래서 처음 단계에서는 할 수 있는 것부터 정해서 시작하도록 코칭했다.

우리 '1일 인·블·유' 합시다!

나와 비즈니스 파트너는 새벽독서 경영 커뮤니티에서 프로젝트 한 가지를 기획했다. 1일 인·블·유. 매일 하루에 한 개씩 인스타그램, 블로그, 유튜브 콘텐츠를 생산하자는 것이다. 뜬금없는 프로젝트 같아 보일지 모르지만, 이 프로젝트의 목적은 결단코 '수익화'였다. 수익화를 위해서는 나부터 알리는 작업이 필요하고, 또한 나의 콘텐츠를 봐주는 잠재고객을 확보해야 하기 때문이다.

우리가 '인·블·유' 채널을 선택한 이유는 다음과 같다.

인스타그램은 이미지를 활용해 무한한 잠재고객을 확보할 수 있다

인스타그램은 업로드 방식이 글과 이미지로 구성된다. 특히 이미지의 느낌이 중요한 채널이기도 하다. 그래서 인스타그램의 프로필 첫 이미지와 피드의 전반적인 느낌을 중요시하는 사람들이 많다.

인스타그램은 무한한 잠재고객을 확보할 수 있는 시장이다. 여기에 돈이 다 모여 있다고 해도 과언이 아닐 정도다. 누군가 나의 상품을 구매하기 위해 내 인스타그램 계정을 찾았을 때 어떠한 이미지를 심어줄 것인지도 염두에 두어야 하므로 인스타그램을 선정했다.

블로그야말로 상품에 대한 키워드를 발굴하고
글을 노출시킬 수 있는 최적의 플랫폼이다

아무리 인스타그램이 인기를 끈다 할지라도, 여전히 맛집을 찾기 위해서는 블로그 리뷰를 참고하는 사람이 많다. 그러나 블로그를 활용할 때는 유의할 점이 있다. 예를 들어 맛집을 찾는 경우, 블로그를 참조한다면 고객들에게는 선택지가 많을 것이다. 그러나 블로거들이 쓰는 맛집 탐방 글은 경로, 출입구, 메뉴판, 상차림, 맛 평가 등 글이 실리는 순서나 방식이 비슷비슷하다. 비슷한 방식의 글과 말만 하고 있다면 그 블로그는 인기를 끌기 힘들 것이다.

그렇기 때문에 우리는 블로그를 쓸 때 사람들이 우리를 발견하도록 하는 데 중점을 두었다. 내 상품에 대한 키워드를 발굴하고 글을 노출시켜 나의 생각과 비전, 메시지를 반복적으로 고객에게 각인시키는 것이다. 이미지를 보고 느낌만 안다면 잠재고객은 나의 생각을 읽지 못하기 때문에, 글로 표현하고 내 글을 읽을 수 있도록 해야 한다.

유튜브는 목소리 톤, 표정, 제스처까지 다 보여줄 수 있다

있는 그대로의 모습을 보여주는 진정성이 관건이 되는 세상이 되었다. 목소리 톤, 목소리, 표정, 제스처 등 하나하나가 나의 이미지가 되는 것이다. 나의 브랜드를 알리는 채널이니 말이다. 2년 전쯤, 한 지인은 자신의 강점이 솔직함이라고 했다. 거짓 없이 늘 솔직했기 때문에 혹여나 누군가 따지고 드는 일이 있어도 무서울 것이 하나도 없다고 했다. 그 말에 일부 동감한다. 거짓말로 나를 포장하지 않았기 때문에 솔직함도 무기가 될 수 있다는 것. 사람들은 그런 상대방의 과정을 하나하나 엿보며 진짜 전문가를 찾으려 한다고 생각한다.

'인·블·유' 프로젝트를 통해 우리 커뮤니티는 조금 더 확장되었다. 직접적으로 우리 커뮤니티를 검색해서 찾아오는 이들도 생겨났다. 키워드 검색량도 증가했고, 무엇보다 인스타그램에서 작성한 해시태그가 짧은 시간에 1천 개 이상 등록되었다. 즉, 1천 개 이상의 콘텐츠가 24시간 돌아다니며 우리를 대신해 홍보해주고 있는 셈이다. 지금 우리 커뮤니티 해시태그를 검색하면 정말 많은 카드뉴스가 24시간 영업을 하고 있다.

인·블·유를 수익과 연결하는 방법

'인·블·유' 프로젝트의 관건은 결국 수익화로 연결되느냐에 있다. 인스타그램으로 사람들의 관심을 끌고, 블로그로 사람들의 욕구를 충족시키고, 유튜브로 나의 차별성을 있는 그대로 홍보했다면 이제는 돈으로 연결하는 것이 관건이다. 그러기 위해서 가장 핵심적으로 알아야 할 것은 바로 이 셋을 연결하는 '연결고리'다.

인스타, 블로그, 유튜브 채널에 공통적으로 들어가야 하는 것은 무엇인가? 이미지이다. 결국 이미지로 사람들과 소통해야 하는 것이다. 이제까지 SNS 채널을 이해했다면 이제는 수익화를 위해 사람들과 소통하는 방식을 찾아야 했다. 그러려면 사람들의 관점에서 이미지를 만들어야 하고, 사람들이 원하는 말, 궁금해하는 말, 듣고 싶은 말을 우선적으로 제공해주어야 했다.

나의 파트너는 나에게 유튜브 썸네일 만드는 것에 대해 자주 조언을 구한다. 유튜브의 썸네일은 클릭을 좌지우지할 만큼 중요한 역할을 한다. 카드뉴스로 사람들의 관심을 집중시키는 것만큼이나 중요하다. 최근에는 "MJKU와 MKYU(MK&You University, 김미경과 당신의 대학) 헷갈리면 평생 후회합니다. 완벽히, 완전히 다른 브랜드입니다"라는 썸네일을 만들어 영상을 업로드했다. 무엇이 다른지, 내가 어떠한 생각을 가지고 있는지 그리고 점점 사람들이 무엇을 원하는지, 어디서 이탈하는지를 파악해 벽보에 내건 듯한, 데자뷰와 같은 영상이었다. 나는 이를 보며 무조건 먹히는 카드뉴스 마케팅 전략은 고객의 생각을 업로드하는 것임을 다시 한번 깨달았다. 비록 내 SNS 채널일지라도 그 안에 담는 것은 내 생각이 아니라 '고객의 생각'이어야 한다는 것을 말이다.

사람과 사람 사이에 소통이 원활하려면 연결점이 필요하다. 나는 이 연결점을 인·블·유 채널로 생각했고, 이 채널들의 특성에 맞춰 공감하는 콘텐츠를 발행한다면 사람들은 내 이야기에 공감할 것이다.

나는 '인·블·유'를 하기도 전에 겁을 먹는 이들에게 이렇게 강조하고 또 강조한다.

"명성 두터운 전문가들도 쫍니다! 겁먹지 말고 지금 당장 카드뉴스 마케팅 시작합시다!"

3장

카드뉴스 마케팅과
퍼스널 브랜딩으로
수익 실현하기

꼭 필요한 것만
사는 것은 아니다

'이 남자는 내 고객님이다, 이 남자는 다른 나라 남자다'

나와 남편은 4년 반 정도 연애를 하고 결혼했다. 결혼할 때 가장 많이 싸운다는 이야기를 듣기도 했는데, 우리는 싸움 한 번 한 적이 없었다. 그런데 그랬던 연애 시절과는 정반대로, 아이를 낳은 뒤에는 육아를 하면서 하루가 멀다 하고 싸웠다. 심지어 서로 싸울 준비가 되어 있는 듯 한마디 한마디에 날카로움이 담겨 있었다.

지금은 싸우는 횟수가 줄어들어 잘 지내고 있는데, 많이 싸우다 보니 알게 된 사실이 하나 있다. 그것은 바로 서로 생각하고 말하는 언어가 다르다는 것이었다. 나는 내 논리대로 기승전결 순으로 대화를 해야 했고, 남편은 거두절미하고 결론만 이야기해달라는 것이어서 대화 방식이 서로 맞지 않았다. 생각해보면 연애 시기에는 서로에게 책임이 없었기에 싸움 한 번 없이 잘 만났다면, 결혼은 차원이 다른 문제였다. 나는 이것을 매일매일 싸우면서 깨닫게 되었다. 그렇지만 내가 이런 생각을 한다고 남편이 내 맘을 알아줄 리가 없었다. 그렇다고 남편이 스스로 변화해주길 바라는 것은 천지가 개벽할 일이었다.

그래서 생각을 바꾸기로 했다. '이 남자는 내 고객님이다. 이 남자는 다른 나라 남자다'라고 말이다. 처음엔 둘 다 서툴렀다. 내 노력을 남편이 알아주지 못하는 듯해 속상하고 답답한 적도 많았다. 그러나 고객을 다루듯이 남편의 말에 귀를 기울이고 관심을 가져보려는 노력 덕분이었는지, 남편의 반응도 조금씩 달라지는 것을 느꼈다.

내 남편, 내 가족을 고객과 상담하듯, 고객과 통화하고 시간약속을 정하듯, 고객을 향한 마음을 품고 소통했다. 특히 가족들에게는 VIP 대우를 했다. 내 가족을 고객처럼 대하니 신기하게도 실제로 비즈니스를 할 때 고객을 다루는 일도 조금씩 변화했다. '말한마디로 천 냥 빚 갚는다'는 속담은 나를 위해 있는 것 같았다.

"내 심장을 상대의 뱃속에 집어넣는 것이 영업"

이후 내가 느끼고 변화시키려 노력한 일들을 여러 가지 형식으로 SNS에 노출했다. 카드뉴스, 짧은 영상, 블로그 등에 노출했는데 가장 효과가 좋았던 콘텐츠는 카드뉴스였다. 사람들은 빠른 공감, 예를 들면 내 카드뉴스를 보면서 떠오르는 생각을 자신의 상황에 대입해 위로받고 싶어 하고, 힘을 얻고자 했다. SNS상에서도 사람들이 원하는 것은 결코 논리나 팩트가 아닌 공감과 감정 소통이라는 것도 알게 되었다.

사실 특별할 것 없는 콘텐츠일 수 있지만, 내 카드뉴스를 본 사람들은 지인들에게 공유하기도 했다. 조금 더 친근하고 호감을 갖게 했기에 공감하고 공유했다고 생각한다. 결국 내 콘텐츠를 보고 호감을 가지면 나에게도 호감을 갖게 되고, 그것이 매출로도 연결되는 자연스러운 카드뉴스 마케팅 전략이 되는 것이다.

〈열혈 장사꾼〉을 펴낸 만화가이자 작가인 박인권의 작품 중에는 "추심치복(推心置腹): 내 심장을 상대의 뱃속에 집어넣는 것이 영업"이라고 말하는 대목이 있다. 결국 내가 먼저 손을 내밀어야 하고, 먼저 마음을 터놓고 사람을 대해야 상대의 마음속에 나를 집어넣을 수 있다는 말일 것이다.

모두가 똑같은 제품과 서비스를 판매할 때 사람들은 무엇을 보고 구매를 결정할까? 남들에겐 없는 나만의 남다른 무언가가 있는지를 생각하면 답을 내리기가 쉬워진다. 이것저것 다 해봤지만 성과가 없다고 탓하기보다는 이미 수많은 경쟁자들 사이에서 나는 무엇으로 어필할 것인지를 찾아야만 한다. 그리고 그것을 고객의 마음속에 심어주어야 한다.

생각해보면 내가 소비자일 때도 이왕이면 인간적이고 나에게 관심을 가져주는 사람에게 구매하려고 한다. 그러니 남들과 똑같은 방식으로 똑같은 제품과 서비스를 판매하고 있다면 조금 더 돈보여야만 살아남을 수 있다. 누구나 자기만의 기술은 가지고 있다. 무조건 남들보다 더 튀고 더 잘해야 한다는 말은 아니다. 자신이 가지고 있는 기술을 찾기만 하면 된다. 앞으로는 버티는 자가살아남게 될 테니 말이다.

'퍼스널'을 알아야 브랜딩이 가능하다

최근 캐나다에 거주하는 A로부터 퍼스널 브랜딩 교육을 코칭해달라는 문의를 받았다. 비즈니스 파트너와 나는 A와 함께 줌(Zoom) 프로그램을 통해 컨설팅을 시작했다.

A는 굉장히 똑똑하고 강단도 있었으며 용기도 대단해 보였다. 그동안 자신이 부족하다고 느끼는 퍼스널 브랜딩에 대한 부분을보완하고자 이 시장에서 활동하는 수많은 코치, 작가를 찾았다고했다. 그들에게 연락해보고 상담도 받아봤다는데, 그 결과 A는 우리와 함께하길 원했다. 그리고 그 이유는 '사람'에 대한 우리들의관심 때문이라는 것이었다. 대부분의 코치나 작가들은 한 사람의인생과도 연결되는 퍼스널 브랜딩 영역에 있어서도 단가표만 보내주거나, 생각과 방향이 비슷하다고 느낀 사람의 경우에도 확 끌리는 '무엇'은 없었다고 했다. 그런데 우리는 달랐다는 얘기였다.

나는 A가 하는 그 말이 무엇인지 너무나도 잘 알고 있다. 나와비즈니스 파트너는 단순히 퍼스널 브랜딩을 해야 한다는 중요성만을 강조하진 않는다. 이미 충분히 알고 있는 사람에게 설명해 봤자 상대방은 우리의 말에 집중하지 못할 것이기 때문이다. 우리의 대화는 어릴 때 어떤 환경에서 어떤 성장 과정을 거쳐왔는지부터 현재 왜 캐나다에 갔는지, 우리에게 왜 왔는지, 어떤 고민이 있는지 그리고 그 고민을 해결하기 위해 어떤 노력을 해봤는지, 돈과 시간을 어디에 얼마만큼 투자했는지 등 질문을 바탕으로 시작되었다. 이 내용들로 인해 상대방에게 컨설팅할 방향이 달라질 수 있다. 이 과정이 없다면 사실상 결제를 하고 코칭이 시작되었다 하더라도 실제 퍼스널 브랜딩을 통한 수익화는 어려워질 수밖에 없다.

퍼스널 브랜딩이 수익으로 연결되려면, 돈만 가지고는 불가능하다. 무엇보다 상대의 태도가 긍정적으로 받아들여져야 한다. 내가 원하는 것이 무엇인지 파악하지 못했다고 생각되는 사람이 계산서를 내밀며 영업을 해온다면 신뢰할 만한 사람으로 판단하기 어려울 것이다. 나는 이런 태도에 따라 구매를 결정할지 아닐지가 판가름 난다고 확신한다. A는 우리에게서 바로 이런 태도를 보았다고 생각한다.

이처럼 상대방을 알려고 하는 것, 상대방에게 관심을 갖고 어떠한 욕구가 있는지를 알아내려고 하는 과정이 가장 중요하다. 상대방에 대해 잘 알지 못하면서 코칭을 하고 돈과 연결시키는 것은 굉장히 위험한 일이기도 하다.

돈이 아닌 태도와 사람을 좇는다

나와 비즈니스 파트너는 '돈'을 좇지 않는다. 우리가 상대방에게 돈 이야기를 하는 것을 쑥스러워하거나 또 상대방이 돈이 없을까 봐 클로징을 안 하거나 못하기 때문은 절대 아니다. 비즈니스의 종착은 이익 추구이기에, 우리 역시 수익을 추구한다. 그러나 돈만을 보고 퍼스널 브랜딩 교육이나 카드뉴스 마케팅 컨설팅을 하지는 않는다는 이야기다.

어느 날 지인과 지하철을 타고 가면서 나눈 대화가 인상 깊다. 그는 오랫동안 자신의 사업장을 운영해온 대표였다. 사정상 폐업 후 월급을 받는 직장인으로 취업했다. 그 지인은 "여기 회사가 정말 좋아요. 책임질 일이 뭐가 있어. 직원들 월급 줄 걱정 없고, 문제가 생겨도 나만 잘하면 그만이잖아요"라고 말했다. 이 대화 중 '책임'이라는 키워드가 내 머릿속에 각인되었다.

코칭을 하는 사람은 돈에 대한 책임을 다해야 한다. 그래서 고객이나 수강생을 받을 때에도 태도가 중요하다. 진심을 다해 제대로 코칭을 하기 위해 고객을 '마음'으로 먼저 선별한다. 그래서 우리의 퍼스널 브랜딩 코칭은 고객의 이야기를 경청하고 대화하는 일에서 시작한다. 온라인 공간의 미팅 역시 온기와 감정이 싹트고 전해진다. 돈이 먼저, 실적이 먼저인 것을 고객에게 들킨다면 아마 고객은 실망하여 돌아서고 말 것이다. 사람의 마음은 보이지 않는 작은 태도와 감정에 움직인다. 비즈니스든 퍼스널 브랜딩이든 카드뉴스 마케팅이든, 논리가 반드시 이기는 것은 아니다.

팔리는 브랜드로
살아남는 한 끗 차이

고객의 머릿속에 전단지를 붙여라

나는 장사로 성공한 작가들의 저서를 종종 읽는다. 그중 은현장 저자의 《나는 장사의 신이다》(떠오름, 2021)에서 전단지 일화를 보게 됐다. 저자는 배달하는 친구들에게 전단지를 주며 고객에게 배달 음식을 줄 때 집 문 안쪽에 전단지를 붙여달라고 부탁했다고 했다. 같은 전단지라 하더라도 집 안에 붙은 것과 집 밖에 붙은 것에 대한 심리의 차이를 알았던 듯하다. 지금은 비대면 배달이 활성화되어 있어 맞지 않을 수 있지만, 나는 이것을 콜드콜에 적용해봤다.

콜드콜을 해보면 첫 도입부터 2~3초 이내에 전화가 끊기는 일이 대부분이다. 나는 매일 100통 이상의 콜드콜을 하면서 '어떻게 해야 전화가 끊기지 않고 대화를 본론으로 이어나가게 할까' 하는 고민을 했다. 그리고 전단지 일화를 콜드콜 도입에 적용해보기로 했다. 전단지가 집 안에 붙어 있을 때 주문율이 올라간 것처럼 나도 콜드콜을 할 때 전단지를 상대방의 머릿속에 붙여보기로 한 것이다. 그리고 그 결과는 굉장했다.

콜드콜을 받으면 사람들은 "바빠요", "관심 없어요", "필요 없어요", "회의 중이에요" 등으로 대꾸하면서 습관적으로 거절을 한다. 정확한 거절이라기보다는 그저 문밖에 붙은 전단지를 떼어내 버리듯 습관적인 행동이다. 그래서 나는 거절했던 사람들에게 다시 콜드콜을 시도했다. 과거에 상대방이 내게 했던 거절 멘트 그대로 말이다.

"네, 대표님, 지난주에 전화 드렸었는데요. 그때 회의 중이라고 하셔서 통화를 제대로 못했었거든요. 생각나서 다시 한번 전화를 드렸어요."

"대표님, 일전에 전화드렸던 설미리 팀장인데요, 그때 좀 바쁘다고 하셔서 통화를 제대로 못했는데 지금은 잠시 통화 가능하시죠?"

그러자 정말 놀랍게도 전화가 끊기지 않았다. 물론 습관적인 거절을 하는 사람들도 있었지만, 하루 한 건 이상 방문 약속을 잡는 성과를 내는 게 어려웠다면, '머릿속 전단지 붙이기' 방법을 쓰자 하루 두세 건의 방문 약속이 잡혔기 때문이다. 은현장 저자가 책에서 언급한 '장사에 요령 같은 것은 없다'는 말을 뼛속 깊이 깨달았다. 무조건 요령 없이 파고들었고, 고객의 답변을 불러올 수 있는 작은 차이를 발견하려 애썼다. 그 작은 차이 하나가 내놓는 결과를 확인하자 한 끗 차이가 불러오는 강력한 효과를 알 수 있었다. 그 이후부터 나는 그 작은 차이를 발견하고 항상 내가 변화하려는 '한 끗'을 찾기로 마음먹었다.

일상을 카드뉴스로 기록하기

내가 카드뉴스 마케팅을 코칭하면서 반복적으로 하는 말이 한 가지 있다. 그것은 바로 자신의 일상을 SNS에 올려보라는 것이다. 자신이 어떤 것을 잘하는지 잘 모르겠고, 무엇이 나에게 맞는 일인지도 모르겠다는 사람들이 자신의 브랜드를 구축하기 위해 가장 쉽게 접근할 수 있는 방법은 자신을 먼저 드러내는 것이다. 그러면 자신이 무엇에 집중하는지, 어떠한 것을 좋아하고, 어디에 시간을 많이 쓰는지를 알 수 있다.

내게는 한 살 터울의 여동생이 있다. 예쁘고, 착하고, 가족들에게도 잘한다. 워킹맘으로서 사랑스러운 두 살배기 아들을 키우며 알콩달콩 잘살고 있다. 그런 동생이 최근에 내게 SNS로 마케팅을 해서 돈을 조금이라도 벌고 싶은데 어떻게 해야 하느냐고 물어왔다. 그래서 평소 거듭 반복해서 강조하는 대로 "일단 너의 일상부터 하나씩 매일 올려봐"라고 말했다. 그러자 동생은 "나는 나를 노출하는 게 싫은데…… 그리고 일상을 올리는데 어떻게 돈을 벌 수 있어?"라고 물었다.

같은 고민을 하는 사람들이 많다는 것을 이미 알고 있던 나는,

두 번째 방법을 권했다. 얼굴이 안 나오는 방식으로 너의 생각을 정리한 카드뉴스를 한 장씩 매일 올려보라고. 이때 올리는 카드뉴스에는 자신이 느끼는 생각과 감정을 긍정적으로 표현한 이야기도 좋다. 육아와 관련된 이야기, 직장에서의 에피소드 등도 얼마든지 좋은 소재가 될 수 있다. 지금 단계에서는 완성도를 생각하지 말고 자신의 일상을 카드뉴스로 기록하는 것이 중요하니까.

이야기를 듣고 나서 동생은 "와, 언니. 어떻게 이런 걸 바로바로 대답해줘? 신기하다"라고 말했다. 자신을 드러내는 것부터 얼굴 없이도 마케팅하는 방법 등을 제안하면서, 나 역시 사람들이 생각보다 사소한 것도 잘 모르거나 막연히 어려워한다는 것을 알게 되었다.

일상이 콘텐츠로 확장이 가능해진 지는 꽤 오래되었다. 혹자는 내가 보내는 하루가 어떻게 콘텐츠가 되느냐고 반문하겠지만, 전혀 그렇지 않다. 생각보다 사람들은 일상의 이야기 속에서 다른 이에게 공감하고 자신의 모습을 비추어보기도 한다. 내 일상 이야기를 어떤 단어로 강조하고 어떤 문구로 꾸미느냐에 따라 퍼스널 브랜딩으로 수익화까지 할 수 있는 카드뉴스가 만들어질 수 있다. 그리고 이렇게 남들의 시선을 끌 수 있는 퍼스널한 이야기가, 바로 돈과 연결할 수 있는 정보가 되고 콘텐츠가 되는 것이다. 사소한 일상의 이야기도 SNS라는 좋은 도구로 돈과 연결할 수 있는 평등한 기회가 우리 옆에 항상 존재하고 있다.

자신만의 색깔을 드러내라

일상이 콘텐츠가 되는 시대, 자기만의 색깔을 드러내는 카드뉴스는 퍼스널 브랜딩으로 자연스럽게 확장되는 카드뉴스의 조건이 될 것이다. 이때 반드시 전문가일 필요는 없다. 전문가도 처음부터 전문가는 아니었으니까. 작게 시작해 점점 확장시켜가는 것, 완벽함을 추구하는 대신 '개성'과 '아이덴티티'를 담는 일이 중요하다.

퍼스널 브랜딩 개인 코칭을 시작하면서 느낀 것은 완벽하지 않아도 충분하다는 것이다. 수강생 J는 퍼스널 브랜딩에 대한 개념조차 모르고 살아온 사람이었다. 자신을 알릴 수 있는 SNS의 종류에 어떠한 것이 있는지도 몰랐다. 인터넷 검색을 조금만 해봐도 알 수 있는 정보들도, 어떻게 검색해야 하는지 물을 정도로 무지했다. 그렇지만 J는 실행력 하나만큼은 어느 수강생보다 앞섰다. 코칭을 하고 나면 몇 시간이 지나지 않아 자신이 시도해본 결과물을 가져와 피드백을 요청했다. 자신이 잘하고 있는지 묻기도 하고, 자신이 한 것이 맞는지도 물어왔다. 그렇게 조금씩 발전해나가던 J는 마침내 업체로부터 협업 제안을 받았다. 처음에는 SNS의 기능을 묻던 J가, 완벽하지 않아도 일단 해보고 피드백을 받던 J가 말이다!

사실 J의 콘텐츠를 보면 완성도가 아주 높은 것은 아니다. 그리고 콘텐츠가 압도적으로 폭발적인 반응을 얻은 것도 아니었다. 그렇지만 수많은 경쟁자들과의 싸움에서 이기고 협업 제안을 받을 수 있었던 데에는 이유가 있다. 처음에는 느린 사람이었고, 이

해도가 떨어져 항상 처음부터 다시 설명해야 했지만, 자신의 속도대로 꾸준히 매일매일 콘텐츠를 올렸기 때문이다. SNS의 기능을 잘 몰라 콘텐츠를 올릴 때에도 색감, 배경 이미지, 폰트 타입 등을 한 가지 패턴만으로 업로드했는데, 어느새 그것이 사람들의 눈에 'J다움'으로, 'J만의 개성과 아이덴티티'로 각인되었던 듯하다.

지금도 J는 잘하는 누군가를 따라 하려 하기보다 자신만의 이야기에 집중하여 지속적으로 콘텐츠를 노출하고 있다. 이처럼 때론 모든 것을 남과 비교해 잘하려고 하는 생각을 내려놓고, 완벽하지 않아도 우선 세상에 자신의 이야기를 꾸준히 노출하는 것이 전략이 될 수 있다.

내가 J에게 코칭한 중심 내용을 여기 소개하고자 한다.

첫째, 아이템 설정하기

비즈니스에서는 무언가 판매할 수 있는 아이템이 설정되어야 한다. 그래야 콘텐츠가 이리저리 흩어지지 않고 사람들에게 전달하려는 메시지에 힘을 실을 수 있다. 또, 자신이 어떤 사람인지 정의를 내릴 수 있다. 따라서 시장 분석을 통한 아이템 설정이 먼저 진행되었다.

둘째, 양으로 승부하기

아무것도 없는 상태에서 시작한 J에게는 사람들이 J를 발견할 수 있고, 선택할 수 있는 콘텐츠가 많이 필요했다. 그러기 위해서는 하루에 최소 세 개 이상 영상과 글을 SNS에 노출시켜야 했다. 실행력 하나만큼은 우수했던 J는 틱톡 영상 세 개를 올리고 이 영상을 유튜브, 인스타그램에 업로드하기 시작했으며, 하루에 아홉 개 이상 콘텐츠를 올리는 수준에 이르렀다.

셋째, 자신만의 색깔을 입히기

J의 가장 큰 장점은 실행력과 흡수력이었다. 다만 퍼스널 브랜딩과 마케팅에 대한 이해도는 떨어졌기 때문에 하나하나 아주 세밀하게 코칭을 해야 했다. 그러나 J는 자신만의 강점대로 코칭을 해주는 대로 흡수하여 따랐다. 처음 J의 콘텐츠를 보면 '내가 해도 저 정도는 하겠다'라는 생각이 들 수도 있겠지만, 이렇게 점점 자신만이 쓰는 인사법, 자신만의 색깔과 속도대로 지치지 않고 조금씩 완성도를 높여 발전시켜나갈 수 있었다.

인간미를 기록하라

퍼스널 브랜딩으로 자연스럽게 확장되는 카드뉴스의 또 다른 조건은 바로 '인간미를 기록하는 것'이다.

수강생을 만나고 코칭을 할 때면 굉장히 복잡한 생각이 든다. 해줄 말이 너무 많지만 하지 않는다. 사실 처음에는 모든 것을 한꺼번에 다 쏟아냈다. 내가 많은 것을 경험해보고 실패 경험이 많기에 나의 수강생만큼은 돈과 시간 리스크를 최소화했으면 했기 때문이다. 그래서 사람들에게 마음을 쓰며 방법을 알려주고 싶었다. 그래서 SNS에 카드뉴스 한 장을 만들어 업로드를 하더라도 사람들이 그것을 보면서 힌트를 얻었으면 하는 마음이 크다.

수개월 전 사람들의 주목과 관심을 크게 받았던 한 장의 카드뉴스가 있다.

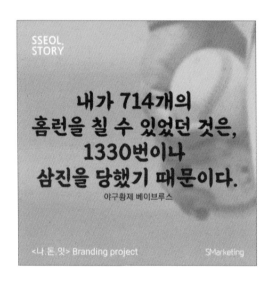

야구 황제로 불리는 베이브 루스가 한 말, "내가 714개의 홈런을 칠 수 있었던 것은 1,330번이나 삼진을 당했기 때문이다"라는 내용의 카드뉴스였다. 여기에는 베이브 루스가 이룬 것이 엄청난 업적이라는 점, 이런 엄청난 업적을 남긴 사람 또한 시련을 겪은 후 빛을 봤다고 하는 등의 댓글이 달렸다. 그리고 역시 꾸준히 하는 것이 정답이라는 댓글도 함께 달렸다.

나는 자신의 아픔도 마케팅할 줄 아는 사람이 되고, 또 그 아픔으로 조금 더 성장할 수 있는 기회가 되길 희망한다. 아픔과 시련을 혼자만 감싸고 있으면 언젠가는 그 아픔과 시련이 스스로를 힘들게 할 것이기 때문이다. 그래서 나는 사람들과 같은 편이 되어 때론 같이 화를 내주기도 하고, 같이 욕을 해주기도 하고, 같이 웃으며 같은 길을 가는 인간미 넘치는 사람으로 남고 싶다. 내가 하고 싶은 카드뉴스의 조건도 이렇게 다른 이의 아픔과 상처를 나누는, 인간미 있는 콘텐츠이다. 또 이것이 나를 퍼스널 브랜딩으로 확장시켜줄 것을 확고하게 믿는 이유이기도 하다.

돈과 잇다, 카드뉴스 마케팅으로 퍼스널 브랜딩하는 조건

성과 없이 빚만 지게 된 이유

세상에 돈은 많다. 그런데 그 많고 많은 돈이 왜 내게는 없는 것일까!

잠깐 틈이 나서 들여다본 유튜브 채널에는 '집에서 놀고먹으며 월 1,000만 원 쉽게 버는 방법', '전자책 하나로 월 500만 원 버는 노하우' 등 쉽게 돈을 버는 방법들이 소개된다. 썸네일만 보면 혹해서 영상을 보게 되고, 알고리즘에 의해 관련 영상을 연달아 보게 된다. 그리고 '한번 따라 해볼까?' 하는 생각에 영상에서 하는 방법대로 똑같이 해보기도 하고, 책도 구입해서 읽고 강의도 찾아서 듣기까지 했다. 마케팅 컨설팅도 받아보고 고액 교육도 받았다. 그런 과정에서 빚까지 졌다. 이대로만 하면 성공한다는 수많은 영상 속의 내용들을 따라 하고 고액 교육도 받았는데 왜 나는 성과 없이 빚만 지게 되었던 것일까?

곰곰이 생각해보니 이미 나는 답을 가지고 있었다는 생각이 들었다. '자아'를 깨달은 것이다. 내가 살아온 삶을 되돌아보니 나를 위해, 내 목표를 위해 산 날보다 남의 욕구를 채워주기 위해 살아온 날이 더 많았다. 내 주관적 사고 없이 남들이 말하는 의견이 내 생각인 듯 살았고, 내 모습을 찾기보다 다양한 사람들을 흉내 내고 좇기에 바빴던 것 같다. 나를 스스로 들여다볼 줄 모르고, 알려고도 하지 않았다. 그래서 빚도 지고 사람과의 관계에서도 많은 실패를 경험했던 것이다. 두 번 다시 똑같은 실수를 하지 말아야겠다는 생각을 하기까지, 2년이란 시간 동안 아무도 찾지 못하도록 나를 가두고 숨어 있기도 했다. 그리고 세상에 다시 나와 나를 알리고자 했을 때, 내 실패 경험에서부터 시작해야겠다고 다짐했다.

그때는 아픔, 지금은 자산이 된 나의 '빚 스토리'

코로나19가 발발하고 재택근무가 일상이 되어버린 시기. 그런 난리통에 회사에서 새벽까지 야근을 하고 다시 출근하는 생활을 이어가며 수개월 동안 가족을 돌보지 못했다. 마음은 매일매일 무겁고 발걸음은 천근만근이었던 그때, 가족들의 원성도 커질 대로 커졌다. 한마디 한마디마다 가시 돋친 말들, 같은 공간에 있다가 뿔뿔이 흩어지는 모습들, 가족인데도 섞이지 못하는 내 모습을 보면서 서글펐다. 그렇지만 나는 가족 몰래 진 빚을 갚기 위해 쉴 새

없이 일을 해야만 했다.

　당시에 느꼈던 가족의 차가움은 겨울의 추위와는 차원이 다른 아픔과 고통이었다. 나는 당장이라도 눈물이 쏟아질 듯한 하루를 생생히 기억한다. 그런데 사람은 아픔과 고통의 극한 상황에서 오히려 살고자 하는 투지가 생겨나는가 보다. 그때 느꼈던 차가움도, 내가 진 빚도 지금 나에게는 큰 자산이 되었다. 그렇게 내가 가진 아픔을 스스로 극복하고 내 안에 웅크리고 있던 어둠을 세상에 내놓았을 때 사람들은 감동했고 나에게 집중하기 시작했다. 그때 나는 이것이 브랜딩의 시작이라는 것을 깨달았다. 그리고 아픔도 마케팅할 줄 알아야 한다는 것도 느꼈다.

　또 어떻게 빚이 생겼는지, 그 과정에서 무엇을 배웠는지, 비즈니스에 있어 어떤 것을 하지 말아야 할지 등을 담은 나의 스토리가 사람들과 신뢰를 쌓기에 좋은 요소라는 것을 알게 됐다. 강의를 할 때도 마찬가지다. 강의하는 중간에 나의 빚 스토리를 이야기할 때가 있는데, "그래서 제가 그 큰돈을 융통할 수 있는 사람이란 걸 알게 됐어요"라고 하면, 10명이면 8명이 40분간 강의했던 내용보다 10분간 말했던 그 스토리를 기억하는 것이었다. 그 10분 동안 사람들은 나의 이야기에 집중했고, 나를 바라보는 사람들의 눈빛도 호의적으로 변해갔다. 나는 이 스토리 하나로도 사람들과 비즈니스를 연결시킬 수 있음을 알게 되었다.

설 대표의 마케팅 수다에 있는 것

빛 스토리로 마케팅을 시작하면서 나는 '설 대표의 마케팅 수다'라는 유튜브 채널을 개설해 운영하고 있다. 또 이 유튜브 채널 명을 인스타그램 해시태그로도 적극적으로 사용하고 있다. 나의 일상, 강의 활동, 비즈니스를 홍보하는 게시물도 함께 올리기 시작했다. 그러자 게시물을 보고 교육과 비즈니스에 참여하기를 희망하는 문의가 오기 시작했고, 댓글들이 달리기 시작했다. 이런 반응을 보며 결국 비즈니스에서는 '스토리가 있는 연결이 답이다'라는 것을 깨달았다. 특히 시장과 고객 그리고 '나'라고 하는 브랜드를 연결시켰을 때 돈을 들이지 않고도 사람들의 시선을 사로잡을 수 있다는 사실, 즉 이것이 퍼스널 브랜딩에서의 경쟁력이라는 사실을 말이다.

사람들마다 각자 소비하는 콘텐츠의 형태나 스타일, 사용하는 SNS 채널 등이 다르다. 주로 자신이 사용하기에 편하거나 성향에 맞는 볼거리, 재미가 있고 조금 더 선호하는 콘텐츠가 있는 SNS 채널을 사용할 것이다. 특히 쉽고 빠르게 이해가 되고, 어렵지 않으면서도 감정 이입이 되고 문제가 제대로 해결된 스토리가 담긴 콘텐츠에 즉각 반응한다. 대표적인 것이 바로 카드뉴스이다. 쉽고 짧게 내용을 전하고 흡인력이 있으며, 또 사람들에게 공유하기도 좋은 콘텐츠가 바로 카드뉴스이기 때문이다. 내가 자신 있게 권하는, 카드뉴스로 퍼스널 브랜딩하는 홍보 조건 세 가지를 여기에 소개한다.

첫째, 나를 팔아라

내가 좋아서 파는 상품과 팔리는 상품은 엄연히 다르다. 고객이 원하는 것이 무엇인지 알고, 팔리는 상품을 팔아야 한다. 그러기 위해서는 제품만 좋게 포장하기보다 자신을 먼저 팔아야 한다. 즉 자신의 스토리를 브랜딩해야 한다. 나만의 스토리는 차별화와 퍼스널 브랜딩을 위한 최고의 무기가 된다.

둘째, 일거수일투족을 기록하라

고객이 나를 어떤 이미지로, 어떤 느낌으로 보게 하고 싶은지 생각해보자. 사람들은 저마다 특징이 다르고 풍기는 이미지도 다르다. 어떤 사람은 첫 이미지가 굉장히 차갑지만 또 어떤 사람은 자상한 이미지를 가졌다. 사람들은 느낌을 기억한다. 그렇기 때문에 내가 상대방으로부터 어떻게 보일지, 어떻게 불리면 좋을지 먼저 생각한 뒤 기록하자. 나를 각인시키는 것은 기록이다. 기록이 쌓여 나를 인지하고 인식한다.

셋째, 입간판을 세워라

나를 세상에 알릴 때에는 나를 봐주는 사람들의 숫자가 중요하다. 즉 노출이 어느 정도 되어야 한다. 그래야 사람들이 나에게로 와서 내 콘텐츠를 보게 할 확률을 더 높일 수 있다. 때로는 콘텐츠한 개로도 사람들의 시선과 마음을 사로잡을 수 있겠지만, 그것이 아니라면 일단 나를 알리는 콘텐츠의 개수를 늘리는 것이 좋다.

내가 누구인지 알아야 문을 열거나 두드리는 사람이 생겨날 수 있으므로 일단 세상에 나를 노출시켜야 한다. 따라서 고객이 지나다니는 길목에 내 입간판을 세워두어야 한다. 그래야 나를 알리고, 고객이 어디서 어디로 움직이고 있는지도 파악할 수 있다.

마음을 들키지 말아라

위의 조건 세 가지를 지키는 것은 기본이겠지만, 가장 중요한 것 한 가지가 또 있다. 바로 고객에게 나의 마음을 들키지 않는 것이다. 이 말은 '자기 통제'를 의미한다.

자기 통제란 기분이 안 좋거나 좋지 않은 일이 있어도 사람들이 눈치채지 않도록 하는 것이다. 그것은 어디까지나 '나의' 상황이다. 특히 부정적인 감정은 바이러스처럼 전염성이 아주 강하다. 그런 감정은 카드뉴스에도 드러나게 된다. 이를 고객에게 들키지 말아야 한다. 예를 들어 조금 전에 누군가와 싸웠더라도 뒤돌아서서 다른 사람에게 웃으며 대할 수 있는 유연성이 필요하다.

카드뉴스 마케팅으로
100만 원 더 버는 방법

나의 위치를 잘 아는 것이 돈 버는 출발이다

"집에서 부업으로 아기 학원비라도 벌었으면 좋겠어요."

"집에서 아이 케어하며 월 100만 원이라도 벌 수 있으면 좋겠어요."

경력이 단절되었거나 부업을 희망하는 워킹맘들을 만나면 종종 듣는 이야기이다. 이들의 마음을 너무나 이해하고 공감한다. 나도 그런 마음으로 고군분투한 경험이 있기 때문이다.

처음에는 '돈을 어떻게 벌까?' 생각하니 굉장히 막연했다. 그래서 내가 처한 상황에서 지금 당장 할 수 있는 것에 집중하는 것으로 시작했다. 현재 나의 상황, 위치를 잘 아는 것은 돈을 버는 것보다 중요하다. 내가 당장 무엇을 할 수 있는지, 무엇이 부족한지 알면 그다음에 방향을 설정할 수 있다. 작게 시작해서 점차 확장해가는 전략을 세울 수 있다. 그리고 말 그대로 이것저것 시도해

보면서 점점 노하우들이 쌓이게 되었다.

나는 월급 외에 월 100만 원을 더 벌겠다는 목표를 정했다. 그리고 광고비는 한 푼도 쓰지 않는다는 나만의 원칙 한 가지를 정했다. 부수입 금액 목표를 100만 원으로 정한 이유는 목표 달성에 대한 부담이 덜했고, 왠지 달성 가능한 금액으로 느껴졌기 때문이다. 어떻게 보면 월 100만 원은 그리 큰 금액은 아니다. 하지만 월급 외에 월 100만 원이라는 돈을 벌게 되니 우선 마음이 여유로워졌다. 오롯이 내 능력으로 번 돈이기에 다른 어떤 일을 하더라도 돈을 벌 수 있겠다는 자신감도 생기기 시작했다.

무엇보다 월 100만 원은 그 쓰이는 곳이 컸다. 친정 부모님께 용돈을 드리는 고마운 딸, 내 아이가 가지고 싶은 것을 사주고 아이에게 쌍 따봉을 받는 엄마, 남편의 생일이면 고급 레스토랑에 데려가는 아내가 되었으니 말이다.

하지 말아야 할 것과 해야 할 것을 명확히 알자

실제로 나는 광고비 한 푼 안 들이고도 카드뉴스 마케팅으로 잠재고객을 모아 돈을 번 성공 사례를 경험했고, 그에 따라 노하우도 생겼다. 당시에는 그것이 지금 내가 하는 강의로 연결되리라고는 생각지 못했지만, 결국 모든 경험은 언젠가 빛을 발하는 날이 온다는 것을 체감했다.

더도 말고 '딱 한 달에 100만 원만 더 벌고 싶다'라는 목표를 정하자, 그러기 위해서 우선 내게 어떠한 특별함이 있을까 찾아보았다. 살펴보니 나는 이것도 조금, 저것도 조금, 모두 다 조금씩은 할 수 있었다. 조금만 보완하면 그리고 조금만 내가 잠을 덜 자고 부지런하면 수익을 낼 수 있을 것만 같았다.

회사에 다니면서 주말에 1:1로 원데이 마케팅 클래스를 시작했다. 한 사람당 50만 원에 하루 동안 5시간 교육을 진행했다. 강의 전에는 사전에 마케팅 점검지를 받고 무엇을 원하는지 욕구 파악을 마친 뒤에 말이다. 이렇게 한 달 동안 10명을 코칭하니, 돈은 벌 수 있었지만 몸이 만신창이가 되었다. 건강이 악화되니 회사 업무에도 집중이 되지 않았다. 이러다가 큰일 날 수도 있겠다 싶어 원데이 마케팅 클래스는 그만두었다.

그 외에 스마트 스토어로 물건을 파는 일이 유행처럼 번졌을 때, 채널을 만들고 판매도 해보았고, 재능마켓 '크몽'에서 마케팅 글쓰기 대행으로 돈을 벌기도 했다. 그리고 상세페이지 디자인도 수주받아 진행했다. 그렇게 다양한 일들을 단편적으로 빠르게 시도하고 경험해보니, 내가 하지 말아야 할 것과 해야 할 것을 명확히 알게 되었다.

공짜 상품 하나로 월 100만 원 매출 올리는 방법

나는 프리랜서로 활동하며 마케팅 대행을 시작했다. 사실 대행은 계약으로 이루어지지만, 첫 거래에서는 테스트를 해보고 싶어 수익이 발생했을 시 수익 분배로 합의하고 시작했다. 대행을 의뢰한 C와 미팅을 통해 퍼스널 브랜딩을 시작하고 수익화해가자는 결론을 내렸다. 그리고 나서 C가 가지고 있는 강점이 무엇인지 찾아냈다. C의 강점은 TM(텔레마케팅) 아웃바운드(콜센터가 불특정 다수에게 전화로 영업 행위를 하는 것) 영업으로 월 2천만 원 이상 월급을 벌어본 경험이 있었다는 것이었다. 나는 이것을 전자책으로 제작해 판매하길 권했고, 그렇게 판매 활동을 위한 마케팅이 시작되었다. 그 과정은 다음과 같이 진행되었다.

첫째, 팔리는 아이템 정하기

아이템을 정할 때 나는 사람들에게 약속을 지킬 수 있는지를 먼저 염두에 둔다. 다음으로 사람들이 원하는 것, 돈을 주고서라도 얻고자 하는 수요를 조사하고 팔리는 아이템을 정한다.

대부분의 사람들은 필요성에 대한 정보와 내용은 많이 검색해 본다. 그래서 자신들이 많은 것을 안다고 생각한다. 그러면서도 진짜 정보에 메말라 있다. 전자책을 구매하는 이들을 공략할 수 있는 약속을 지킬 수 있어야 한다. 이제는 책임이 따르는 브랜드에 신뢰를 보내고, 이것이 입소문으로 퍼져 팔리기 때문이다.

둘째, 트래픽 만들기

다음으로 실질적으로 사람들이 전자책을 사게 하기 위해 트래픽(고객 유입량)을 만들어야 했다. 그러기 위해 내가 먼저 했던 것은 목적 설정이었다. 우선 지금 하는 마케팅을 통해 얻고자 하는 목적이 있어야 목표에 집중할 수 있다. 트래픽을 만들기 위해서는 사람들의 관심을 사야 한다. 그리고 만들어진 트래픽은 이탈률을 줄이기 위해 한곳으로 모아 이 전자책이 팔릴지 안 팔릴지 수요조사를 하겠다는 목표를 갖게 했다.

셋째, 홍보 채널 선정하기

사람들은 실체가 있는 것을 눈으로 보고 싶어 한다. 그래서 전자책 표지를 만들었다. PDF 파일로 만들어진 전자책을 실물 책으로 착각하게 만들 만큼 표지의 완성도를 높였다. 다음으로 전자책을 필요로 하는 잠재고객이 어디에 있을지, 또 잠재고객에게 우리의 가치를 어떻게 줄 수 있을지 생각했다. 그래서 잠재고객의 동선을 파악하기 시작했다. 먼저 카드뉴스 한 장에 전자책 표지를 크게 넣고 D-3, D-2, D-1로 이어지며 한시적으로 선착순 마감을 강조하는 카드뉴스를 인스타그램에 먼저 홍보하기 시작했다. 그러자 인스타그램에서 카드뉴스를 본 사람들이 댓글을 달기 시작했다. 카드뉴스 하나로 사람들의 관심을 이끌기 시작했던 것이다.

다음으로 가치 제공을 위해서는 사람들이 우리의 홍보글을 읽어보게 해야 했다. 그래서 이 카드뉴스를 블로그에도 홍보했다. 관심에서 그치는 것이 아니라 사람들이 글을 읽게 하고, 그들의 머릿속에 내 글을, 나의 상품을 넣기 위해 블로그에 글을 쓴 것이었다. 그런 다음 트래픽을 한곳으로 모으고 고객의 DB를 수집하기 위해 네이버 카페에도 블로그와 동일한 글을 썼다. 물론 전자책 표지가 담긴 카드뉴스가 글 안에도 들어 있어야 한다. 그래야 사람들은 제대로 찾아왔다고 안심하기 때문이다. 그리고 전자책은 네이버 카페를 통해 신청한 사람들에게만 제공한다는 메시지를 주었다.

넷째, 일단 먼저 팔아보기

그 시점에서 전자책을 판매한다는 홍보글과 카드뉴스는 사실 제작 중이었다. 일단 수요를 파악하기 위한 과정이었으며, 신청자가 없으면 전자책을 만들지 않으면 그만이었다. 그런데 사람들의 문의와 신청이 계속되었고, 전자책을 구입하려는 사람들이 입금부터 하기 시작했다. 약속을 지키는 것은 당연한 일이기에 전자책을 제작하여 판매하고, 시장의 수요조사까지 마치게 되었다.

다섯째, 공짜 상품 유료화하기

사실 이 전자책은 처음에는 팔릴지 아닐지 수요조사를 하기 위해 무료로 제공했었다. 그런데 무료 전자책에 대한 수요가 점점 늘어났고, 무료 제공을 중단했음을 공지하고, 내용이 업데이트되었음을 알리며 유료로 전환했다. 무료였던 전자책을 업데이트하여 2만 원으로 공지했던 것이다. 그러자 2만 원을 입금하는 사람들이 늘었다. 무료에서 유료로 전환할 때는 매력적인 조건을 주기 시작했다. 전자책 후기를 2주일 후에 작성하면 '막DB(업계에서는 정리되지 않은 많은 양의 고객정보를 막db라고 부른다)로 방문 약속을 잡는 스크립트 PDF' 파일을 제공한다는 조건이었다.

후기가 쌓이기 시작하자 이제는 점차 가격을 올려보았다. 2만 원에서 6만 원, 8만 8천 원까지 올렸는데도 전자책은 팔렸다. 사실 이때는 홍보글을 조금씩 다르게 작성했다. 이 전자책의 필요성을 홍보하기보다 이 전자책을 구매한 사람들이 왜 샀는지를 스토리로 풀어가기 시작한 것이다.

여섯째, 확장하기

전자책이 팔리는 것을 확인하는 과정이 끝났기에 이제는 메인 상품을 판매하는 단계로 이어져야 한다. 기본상품이 전자책이었다면 이제는 전자책을 구매한 사람들이 메인 상품을 구매할 수 있도록 연결하는 것이 관건이었다. 전자책이 팔리는 것을 보며 우리가 만든 메인 상품은 1:1 코칭이었고, 4주 과정으로 커리큘럼을 기획해 100만 원이라는 가격을 책정했다. 이렇게 책정된 메인 상품이 팔리는 데에는 시간이 걸렸지만, 점차 문의량이 늘어나면서 100만 원, 200만 원, 300만 원 이상의 매출을 달성하게 되었다.

일단 '한 번 더' 시도하라

그동안 나는 100만 원을 벌기 위해 다양한 마케팅을 시도하는 일을 반복했다. 그러면서 자괴감이 든 적도 있었다. '나도 어디 가서 일하면 그래도 100만 원은 족히 버는데, 왜 현재의 나는 100만 원도 못 버는가'라는 생각이 들었기 때문이다. 이런 생각이 들 때면 하던 일도 하기 싫어지고, 왜 이렇게 사는지 의문이 들기도 했다. 그렇지만 내 능력으로 100만 원 이상의 평균 부수입을 만들어야 무슨 일을 해도 하겠다는 생각이 들었고, 그때부터는 '조급함'을 내려놓기 시작했다. 조급한 마음이 들 때 잠시 쉬었다가 다시 시작할 수 있도록 조급함을 내려놓으려 노력했다.

나에게 필요한 것이 하나 더 있었다. 바로 '한 번 더'였다. 내가 그동안 월 100만 원을 더 벌지 못했던 이유는 결과가 눈앞에 보이지 않는다고 해서 바로 그만두기를 반복했기 때문이다. 한 가지 아이템으로 수익화를 위해 마케팅 활동을 하다가, 곧바로 결과가 나오지 않으면 바로 새로운 아이템을 찾았던 것이다. 그것이 수익화가 더뎠던 이유였다. 즉 그만두기보다 그 자리에서 한 번 더 시도해보는 끈기가 필요했다. 그렇게 수없이 시도하고 경험해본 결과, 광고비 한 푼 들이지 않고도 카드뉴스 마케팅으로 돈을 벌 수 있는 방법이 무궁무진하다는 것을 알았다.

4장

성공적인 매출을 가져오는
카드뉴스 제작 실전

돈, 꿈 등 동기부여 소재를 활용한 정보제공형 카드뉴스

파워포인트로 3분 만에 카드뉴스 만드는 법

카드뉴스를 제작해 홍보할 때 가장 인기 있는 소재는 단연 돈, 꿈 등 동기부여 소재를 활용한 정보제공형 카드뉴스이다. 스토리 텔링 소재도 인기가 있으나 돈, 꿈, 동기부여와 관련한 소재는 정보제공형으로 제작되는 것이 반응률을 높일 수 있다. 여기에서는 돈, 꿈, 동기부여 소재를 활용한 카드뉴스 제작법을 설명하고자 한다.

카드뉴스의 기본 제작 사이즈는 900×900의 정사각형이다. 인스타그램은 이미지 노출이 정사각형일 때 상하좌우 텍스트의 잘림 현상을 방지할 수 있고, 정사각형 이미지는 블로그 썸네일로도 활용이 가능하므로 활용도 측면에서 유리하다.

방법은 다음과 같다.

❶ 파워포인트를 실행시켜 '새 프레젠테이션'을 만들어준다.

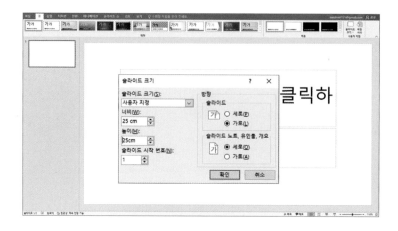

❷ '디자인 > 슬라이드 크기 > 사용자 지정 슬라이드 크기'를
클릭한다.

❸ '사용자 지정 슬라이드 크기'에서 너비 25cm × 높이 25cm로
크기를 설정하고 '최대화'를 클릭한다.

여기서는 '월 1천만 원 달성하는, 어느 억대 연봉 여성 사업가
의 조언 모음집'이라는 카드뉴스를 만들어보자. 이 카드뉴스는 책
을 홍보하기 위한 것으로, 실제 나의 인스타그램에 노출되었다.
이것을 통해 사람들에게 책을 홍보했고, 자발적으로 473명이 저
장했으며, 20명이 공유했다.

목적은 책의 홍보였지만 돈과 꿈이 담긴 소재로 사람들에게 정
보를 제공하는 카드뉴스를 기획했다. 이 카드뉴스를 위해서는 먼

저 제목 카피라이팅이 필요하다. 사람들의 시선이 머무는 곳은 주로 돈, 꿈, 동기부여이다. 이에 정보를 함께 제공해주는 카피를 작성하면 되는데, 나를 퍼스널 브랜딩하고 책을 홍보하는 카드뉴스인 만큼, 책에 쓰인 핵심 사항을 포인트로 잡아야 한다. 쉽고 간단하게 텍스트만 바꾸고 디자인은 동일한 템플릿 형태로 제작하는 것이다.

❹ 텍스트는 '삽입–텍스트상자( )'를 클릭해 입력한다. 폰트는 자신의 스타일대로 사용하면 되며, 이 카드뉴스에 사용된 폰트는 'Sandoll 국대떡볶이 02 Bold'이다.

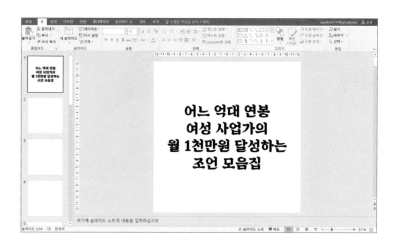

❺ '삽입 > 그림( )'을 클릭한 후 저장한 폴더에서 원하는 이미지를 불러온다. 그다음 '텍스트상자( )'를 클

릭해 텍스트를 입력해준다. 텍스트 뒤 강조하는 색상은 도
형(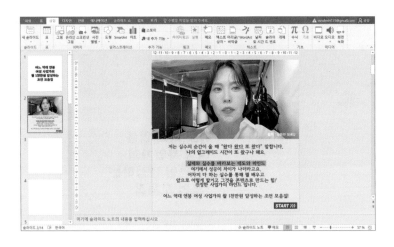)을 클릭해 원하는 모양을 고르고 색상을 선택해준다.
그다음 우클릭을 하면 '맨 뒤로 보내기(맨 뒤로 보내기(K)   ▸)'라
는 메시지가 나오는데, 삼각형을 클릭해 '뒤로 보내기'를 설
정하면 된다.

❻ 불러온 이미지 사이즈가 크다면 사진을 더블 클릭한다. 이
후 사진 모서리에 흰색 점들이 생기게 되는데, 이것을 클릭
해 마우스로 사이즈를 줄일 수 있다. 또, 더블클릭 시 자르기
(자르기) 기능을 활용해 필요 없는 부분을 잘라낼 수 있다.

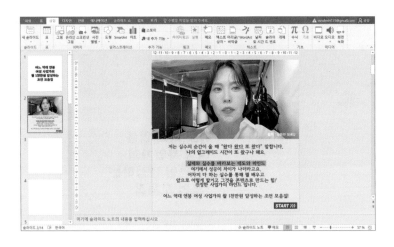

❼ '삽입 > 그림( )'을 클릭한 후 저장한 폴더에서 원하는 이
미지를 불러온 다음, 우클릭을 해서 '그림서식(그림 서식(O)…)'
을 눌러 사진 배경을 흐릿하게 바꿔준다. 그림서식–선명도

비율은 −60%로 설정해준다.

❽ '도형( )'을 클릭해 정사각형 사이즈에 맞추어 네모상자를 만들어준다. 다음으로 우클릭을 해서 '그림서식(그림 서식(O)...)'

을 누른 후 색은 노란색, 투명도 비율은 60%로 맞춰준다. 이렇게 컬러를 맞추는 이유는 나의 브랜딩 컬러를 인지시키기 위한 것이며, 투명도 조절은 카드뉴스 디자인의 전체적인 조합을 고려한 것이다.

❾ '삽입 > 도형(🔷도형)'을 클릭한 후 흰색 상자를 먼저 만들어준다. 그다음 검은색 상자를 만들어 사이즈를 조절해준다. 이때, 검은색 상자를 선택한 상태에서 우클릭 후 '맨 앞으로 가져오기(🔳 맨 앞으로 가져오기(R) ▸)'를 클릭하면 한 장의 이미지처럼 보이게 된다. 그리고 이미지 삽입 및 자르기 기능을 활용해 인스타그램 계정도 함께 홍보하는 것이 효과적이다.

이렇게 해서 여러 장의 카드뉴스를 텍스트만 바꿔서 제작하면 된다.

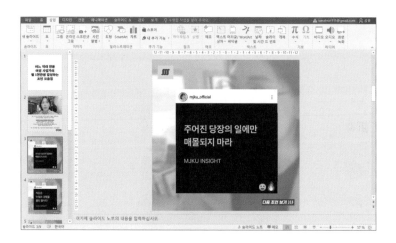

❿ '삽입 > 그림(📷)'을 클릭한 후 책 표지를 불러온다. 이때 책 표지는 배경을 제거한 이미지를 사용했다. 뒷배경을 제거하는 방법은 '이미지 배경 제거(https://www.remove.bg/ko)' 사이트를 통해 손쉽게 제작할 수 있다. 다음으로 '텍스트 상자(📝)'를 사용해 책을 간단히 소개하는 문구를 작성해주면 된다.

⓫ 제작과정을 마친 후 이미지로 저장하는 단계다. 파일 > 다른 이름으로 저장-폴더 지정-PNG 형식을 선택하면 된다. JPEG로 저장해도 무방하나 화질의 차이에서 PNG가 조금 더 깔끔하게 보인다. 이후 '모든 슬라이드'를 선택해 저장해주면 된다.

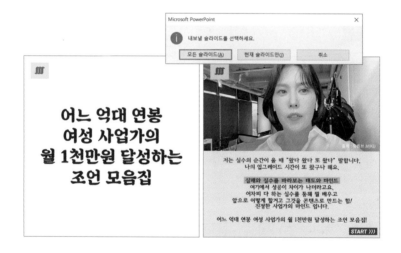

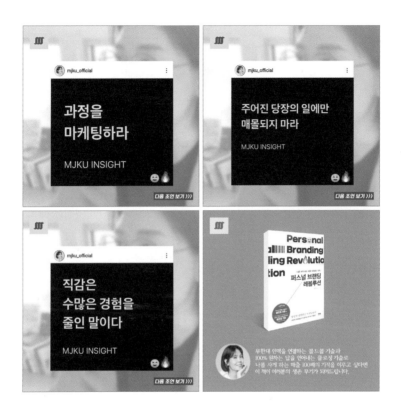

이렇게 완성된 카드뉴스를 인스타그램, 블로그 등에 활용할 수 있고, 이를 영상으로 모아 인스타그램 '릴스', 유튜브 '쇼츠' 코너에 업로드하여 마케팅할 수 있다.

참여를 유도하는 전략형 카드뉴스로 유입을 10배로 늘리다

동영상 편집 앱으로 초간단 카드뉴스 만들기

나는 카드뉴스를 만들 때 대부분 한 장짜리로 만든다. 길게 늘어지지 않고 단 한 장으로 사람들의 관심을 확 집중시키도록 하기 위해서이다. 즉 '꽂히는' 카드뉴스에 꽂히는 스토리를 전하여 참여율을 극대화하기 위한 전략이다. 이번에는 동영상 편집 어플리케이션으로 초간단 카드뉴스를 만드는 방법을 설명하고자 한다.

❶ 'VLLO(블로 )' 앱을 다운로드 받아 설치한다. 그런 다음 화면 비율을 '1:1', 영상 배치는 '채움'으로 선택해준다.

❷ 미디어를 선택한다.

❸ 이미지를 터치하면 모서리 우측 끝부분에 화살표가 보이게 되는데, 이것을 누르면서 사이즈를 조절할 수 있다. 또, 이미지에서 원하는 부분만 보이도록 하늘색 화살표 모양으로 조절할 수 있다. 이미지 사이즈와 위치를 조정한 뒤, 메뉴바 하단의 '배경'을 클릭하여 원하는 색상을 선택해준다. 나는 노란색을 선택했지만 자신의 브랜드 컬러를 선택해도 무방하다.

❹ 왼쪽 메뉴를 아래로 내려 글자를 선택한다. 글자는 기본을 선택하고 텍스트를 입력한다. 텍스트 크기는 우측 화살표를 터치해 늘리고 줄이면 된다. 텍스트를 터치한 상태에서 위치 조절도 가능하다. 이렇게 '글자'를 두 번 나누어서 작성하면 윗줄과 아랫줄을 비교하는 문장으로 사용할 수 있고, 글자 편집도 쉬워진다.

❺ 간단하게 카드뉴스를 제작하였다. 오른쪽 상단 '추출하기'를 눌러준다. 파일 형식을 GIF로 선택하고 해상도는 고화질로 선택하여 '추출하기' 버튼을 클릭한다. 무료로 사용 시에는 강제로 광고를 봐야 하는 시간이 소요되지만 대부분 30초 이내이다.

이렇게 추출된 GIF 이미지는 스마트폰 사진첩에 저장된다. 사진첩에서 방금 만든 카드뉴스를 확인한 후, 첫 화면만 스

크린샷으로 저장한다. 이후 필요없는 부분은 제거하고 SNS에 업로드하면 된다.

한 장짜리 카드뉴스를 만들 때는 사람들에게 전하고자 하는 메시지가 더욱 뚜렷해야 한다. 나의 경우 새벽 5시 30분에 독서경영모임에 참여할 참여자를 모집하는 카드뉴스를 제작했고, 이 독서경영의 중요성과 사업을 확장하려면 어떤 것에 집중해야 하는지 설명하는 글을 올렸다. 또한 해시태그는 '#비즈니스토론클럽'이라고 작성했는데, 사람들에게 이 토론클럽에 참여하는 방법에 대해 많은 문의를 받았다.

🧑‍🤝‍🧑 **mjku_official**님 외 **여러 명**이 좋아합니다
sseolluv ✅ 책 100권, 1000권 백날 읽어봤자

#미라클모닝실천 백날 천날 해도
사람이 변하지 않는 이유는
결국 #사업에적용 하기가
안되면 제자리걸음 이더라구요.

책을 활용해서 돈으로 연결하려면
👉 첫번째는 돈이 되는 책을 선별하는것이 중요하고요!!

👉 두번째는 선별된 책 읽고 내 사업에 적용하는 것이 중요하더라고요!!

👉 세번째는 #리더의철학 이 핵심이고요!

제가 새벽독서 얘길 주변 지인들에게 하면
다 좋은데 왜 굳이 #새벽5시30분 이냐고
물으시는 분들이 많아요!

간단히 설명드릴게요 😊😊

사업을 해서 성장하고 성공하려면
나 자신부터 스스로 결단해야 되더라구요😊😊😊

스스로 통제가 안되면 사업도 통제가 안되요.

더군다나 새벽5시30분은
핑계댈, 변명할 수 없는
순수100000% #자기통제력 으로 하는거니까요!👆

오직 나만의 시간!
돈 주고도 못바꿀 온전한 내 시간이니까
얼마나 값져요~~!

새벽에 눈뜨자마자 부시시한 모습으로
뇌를 맑게 사업이야기로 깨우실 분!
DM주세요~~ go go ▶▶▶

#MJKU #사업가모임 #924일💕 #눈뜨자마자하는일
#새벽독서토론 #사업얘기 #비즈니스토론클럽
#사는게쉽다면아무도꿈꾸지않았을거야 #만만치않음 #콜드콜
#마케터일기

234

이 카드뉴스는 한 장만으로도 사람들의 참여율을 압도적으로 높인 성공사례이다. 먼저 뚜렷한 목적으로 사람들의 시선을 사로 잡았고, 나만이 할 수 있는 상품에 대한 설명을 스토리로 풀었다.

사실상 이러한 카드뉴스만으로 반응을 이끌어내기란 쉽지 않다. 광고는 아니지만 대놓고 광고를 하는 격이기에 사람들은 이런 콘텐츠에 거리를 두게 되는데, 내가 만든 이 카드뉴스를 본 사람들은 스스로 참여 문의를 해왔고, 실제로 모임에 사람들의 유입을 늘릴 수 있다.

공감을 불러오는 질문형 카드뉴스로 고객의 지갑을 열다

질문형 카드뉴스 만들기

나는 작은 일 하나를 하더라도 치밀하게 검색해보고 분석하면서 리스크를 최소화하려고 노력한다. 그렇다 보니 사람들의 사소한 질문에도 인사이트를 얻을 때가 많다. 앞에서 언급했던 보험설계사 지인에 대해 한 번 더 말하자면, 나와 이분은 여전히 서로를 응원하는 사이다. 나는 이분의 브랜딩을 위해 유튜브, 인스타그램, 블로그 등 다양한 SNS 채널과 플랫폼에 콘텐츠를 생산하는 활동을 했다. 그렇지만 당시에는 보험에 대한 이해도가 부족했기에 고객과 공감할 수 있는 접점을 찾는 것이 굉장히 어려웠다. 그래서 내가 가장 잘하는 검색과 분석능력을 발휘하기 시작했다. 사람들은 보험 가입을 하기 위해 어떻게 정보를 수집할까 하는 생각을 하면서 말이다. 그리고 이내 아이디어가 하나 떠올랐다. 바로 고객이 구매를 결정하고자 할 때 한 번 더 생각하게 되는 질문 자체를 그대로 콘텐츠로 만들어보자는 것이었다. 이것은 네이버 지식iN을 보다가 생각하게 된 것이다. 막연히 '치아보험'이라고 검색을 해보았는데 '치아보험, 필요할까?'라는 글이 올라와 있었다. 그 글과 관련 게시물들을 보다 보니 니즈가 있는 사람들도 구매를 결정하기 직전에 다시 한번 확신을 갖고 싶어 한다는 것을 느끼게 되었다.

그때부터 나는 '치아보험 필요할까'부터 '중복, 회당 지급받는 수술비 보험 필요할까?' 등 질문형 카드뉴스를 통해 지인 보험설계사에게 보험상품 문의가 오도록 상품을 홍보했고, 사람들의 공감을 사면서 많은 고객의 문의를 받고, 계약으로도 연결할 수 있었다.

앱으로 간단하면서 쉽게 이런 카드뉴스를 만드는 방법에 대해 알아보자.

❶ 우선, '글그램(✏️)' 앱을 설치해 실행시켜준다(2023년 현재 IOS 버전 미제공). '컬러 배경에 글쓰기'를 누르고 '1:1 정사각형 배경'을 클릭한다.

❷ 첫 화면에서 글자를 입력할 수 있는 영역을 확인할 수 있다. 글자 입력란에 작성하려는 문장을 입력한다. 입력한 글자에 대한 수정은 '스타일'을 클릭하여 할 수 있다. 폰트는 'Black Han Sans'로 선택하고, 글씨 크기는 60으로 설정해준다. 글자 입력을 완료하려면 우측 상단의 체크(✅) 표시를 눌러준다.

❸ 카드뉴스를 제작할 때 기본적으로 넣어야 되는 부분은 바로 '서명'이다. 이 카드뉴스가 누구로부터 제작되었는지 출처에 대한 부분을 명시해야 콘텐츠를 보고 출처를 인식하게 된다. '서명'을 눌러주고, '서명 사용하기'를 오른쪽으로 밀어 활성화시킨다. 이후 서명을 입력하고 크기, 투명도, 서명 글자 색상 등을 조정할 수 있다.

❹ 메인으로 작성한 '치아보험 필요할까?'와 서명 글자는 꾹 누른 상태에서 자유롭게 움직여 위치를 조정할 수 있다. 위치 조정이 끝났다면 우측 저장(저장) 버튼을 클릭한다. 그리고 최종적으로 '스마트폰 저장'을 눌러 카드뉴스 저장을 완료한다.

❺ 현재 제작한 카드뉴스를 응용해보자. 자신의 사진을 넣어 나만의 카드뉴스를 만드는 것도 사람들에게 나의 상품을 알리기에 효과적이다. 글그램 앱에서 사진은 '내 사진에 글쓰기(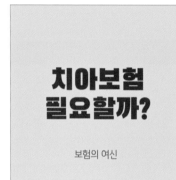)'를 눌러 불러올 수 있다. 불러온 사진 위에 문장과 서명을 입력해 위와 같은 방법으로 카드뉴스를 완성하면 된다.

심플 이즈
더 베스트

포토샵으로 카드뉴스 만들기 실전 노하우

내가 포토샵으로 카드뉴스를 만드는 것은 핵심적인 메시지를 전하고자 할 때이다. 여러 종류의 앱과 파워포인트, 각종 툴을 이용해 카드뉴스를 만들 수 있지만, 포토샵에서만 할 수 있는 정교함의 차이가 있기 때문이다. 가장 기본에 충실하고 디테일한 작업이 필요할 때면 포토샵을 활용해 카드뉴스를 만든다. 이번에는 포토샵으로 심플하지만 디테일한 부분을 포함해 카드뉴스 만드는 실전 노하우를 전하고자 한다.

❶ 포토샵은 고가의 프로그램이지만 월 2만 원 상당의 금액을 지불하고 사용할 수 있다. 어도비(Adobe) 사 홈페이지를 통해 포토샵(Ps)프로그램을 설치하도록 한다. 설치 후 첫 화면

좌측에 '새로 만들기'를 클릭한다. 단축키는 Ctrl+N이다. 폭
과 높이 사이즈는 900×900 정사이즈로 설정해준다.

❷ 오른쪽 하단 메뉴에서 레이어(▣)를 추가해준다. 그런 다음

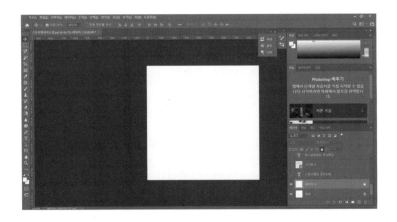

레이어의 배경색을 선택할 차례이다. 좌측 메뉴 하단에 네모도형 2개(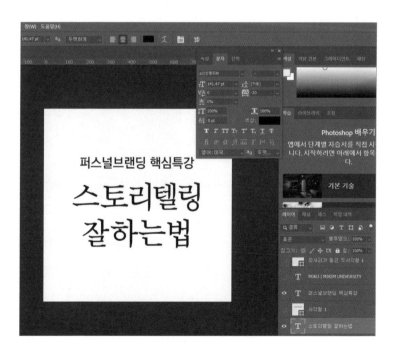)가 겹쳐져 있는데, 첫번째 도형을 선택해준다. 그러면 원하는 색상을 선택할 수 있는 창이 뜬다. 여기서 사용한 색상은 아이보리 계열이고 색상코드는 #fff8bc이다. 색상을 고르는 창 하단에 색상 코드를 입력할 수 있다. 원하는 색상을 선택했으면 단축키 Alt+Delete를 눌러 적용하면 된다.

❸ '텍스트(T)' 버튼을 클릭한 후 텍스트를 입력해준다. 단축키는 키보드 'T'이다. 문자 속성 메뉴를 통해 폰트와 사이즈, 자간, 폰트 컬러 등을 수정할 수 있다.

❹ 텍스트에 강조색을 넣을 경우, 좌측 메뉴 사각형 도구()를 이용하면 된다. 단축키는 키보드 'U'이다. 상단 메뉴바에서 '칠' 메뉴 색상란을 클릭하거나 레이어 사각형 상자를 더블클릭하면 색상 변경이 가능하다.

참고로 강조색이 텍스트 위에 있는 경우 글자가 보이지 않기 때문에 이럴 경우에는 강조색 레이어를 마우스로 클릭한 상태에서 텍스트 레이어 밑으로 순서를 바꿔주면 된다.

❺ 카드뉴스 마지막 하단에는 SNS 계정도 함께 홍보하는 것이 효과적이다. '텍스트(🅃)'와 모서리가 둥근 직사각형 도구를 활용하면 된다. 모서리가 둥근 직사각형 도구를 사용할 경우 사각형 도구를 마우스로 꾹 누르면 여러 모양의 도구 창이 나온다. 또한, 사진을 깔끔하게 원하는 모양 안으로 넣고자 할 경우 원하는 모양을 삽입한다. 이후 사진을 모양 위로 가져다준다.

그런 다음 단축키 Ctrl+Alt+G(모양과 이미지를 중첩하는 기능)를
누르면 사진이 모양 안으로 깔끔하게 들어간 것을 볼 수 있다.
이 기능을 활용하면 레이어는 아래와 같이 바뀌게 된다.

❻ 제작한 카드뉴스는 웹용으로 저장해준다. 단축키는
Ctrl+Alt+Shift+S이다. 여기서 이미지의 저장 종류를
PNG-8로 클릭하여 저장한다.

심플함이 주는 장점은 가독성이다. 전하고자 하는 메시지가 명확하고 뚜렷하기에 사람들의 눈에 띄기에 적합하다. 왜냐하면 사람들은 한눈에 알아보고 싶어 하고, 보자마자 이해하려 하기 때문이다. 복잡하면 사람들의 관심은 멀어지게 되어 있다. 사람을 설득하고 이해시킬 때에도 구구절절 설명하는 것보다 임팩트 있는 한마디가 사람들의 귀에 더 꽂히듯, 카드뉴스 역시 심플한 것이 사람들의 이목을 더 집중시킬 수 있다.

에필로그

  나는 특별한 능력 있는 사람이 아니다. 인스타그램으로 수억 버는 능력이 있는 사람도 아니고 손만 대면 실패 없이 비즈니스를 성공시키는 출중한 능력이 있는 사람도 아니다. 그래서 나는 '나'라고 하는 사람을 잘 알고자 수없이 노력하는 사람이다. 나에게 부족한 점이 있다면 그것을 보완하고 채우기 위해 '받아들이기'를 먼저 한다. 인정하는 것에서부터 나를 객관적으로 돌아볼 수 있기 때문이다.

  그리고 이런 과정이 나 스스로 '일이 되는 방법', '되게 하는 법'을 훈련하게 된 셈이었고, 효율적인 방법을 찾아 나서게 되었다. 내가 부족한 점을 채워 하나하나 능력들이 쌓이자 나의 별명은 '다이소'가 되었다. 어떤 질문을 받으면 그것을 바로 대답할 수 있는 경지에 이르렀고, 어떠한 자료라도 금방 내어줄 수 있게 되었다. 특히 수많은 시행착오를 겪어오면서 실패의 시간을 줄일 수 있고 실패 리스크를 줄여 성공의 확률을 높여갈 수 있게 되었다.

  나는 이 책을 집필하면서 많은 사람들에게 나의 경험으로 시간을 줄이고 실패 리스크를 줄일 수 있는데 도움이 되고 싶다는 생각을 했다. 그래서 그간 나의 생각을 기록해 두었던 스마트폰의 메모장과 네이버 클라우드 mybox 등을 모두 파헤쳐 가면서 나의 기억을 뚜렷하게 되새겼고 이 한 권의 책에 많은 것을 담아내고자 노력했다.

내가 이 책에 기술한 사례와 그 과정에서 얻은 시행착오 그리고 실패 데이터들은 나의 삶이라고 해도 과언이 아니다. 비즈니스에 있어 타이밍이 중요하다는 지인의 말이 가슴을 뜨겁게 했고, 그렇게 내가 가장 힘들 때 나를 대변하는 나의 삶과 같은 이 책이 세상에 나올 수 있게 되었다.

이 책을 통해 나 또한 생각이 정리가 되었다. 지금까지 내가 해온 카드뉴스 마케팅 활동 이상으로 나는 한 단계 업그레이드해 갈 것이다. 이 책을 읽는 독자 여러분도 시작하기를 고민하지 말고 시작하고 나서 되는 방법을 고민하길 바란다.

**오픈마켓
전문가의 쿠팡
셀러 노하우**

쿠팡 셀러 되기

김재환 지음 | 16,000원

"대세는 확실히 쿠팡이다!"

쇼핑앱 사용자 수 압도적 1위 쿠팡에 지금 입점하라!
쿠팡은 진입장벽이 낮아 온라인 창업 초보자에게 쉽고 판매가 수월하다. 이책
에서는 15년 동안 유통업을 하며 G마켓, 스마트스토어, 이베이, 아마존, 쿠
팡에 이르기까지 최단기간에 당당히 Top 셀러로 자리한 저자가 쿠팡을 이용
해 초보자도 단기간에 높은 수익을 내는 방법을 소개한다. 쿠팡 마켓플레이스
입점부터 경쟁업체가 넘볼 수 없는 차별화 전략 수립까지 상세하게 설명을 담
아냈으며, 국내를 넘어 해외 판매까지 뻗어가는 저자만의 노하우를 담았다.
지금 바로 이 책과 함께 블루오션 쿠팡 로켓에 올라타라!

**이커머스 실전
마케팅 비법 수록**

이커머스 바이블

배은지 지음 | 15,000원

최신 이커머스 패러다임을 반영한 콘텐츠 차별화 전략,
시장 트렌드 분석, 소비자 개인 취향 분석 노하우 공개!

기존 PC 기반의 커머스에서 모바일 커머스로 이동하고 있는 이커머스 시장의
트렌드를 분석하고, 이커머스 사업에 진출해 성공할 수 있는 방법을 소개한다.
국내 시장뿐만 아니라 글로벌 이커머스 시장에 진출하는 실전 전략, 4차 산업
혁명 시대의 달라지는 이커머스 트렌드까지 고루 다루었다. 이커머스 사업을
준비하는 비즈니스맨이 반드시 알아야 할 지식과 경험, 실전 활용 팁까지 풍부
하게 담아낸 책으로, 이제 시장에 진입하려는 초심자뿐만 아니라 시장의 트렌
드를 읽고 앞서가고자 하는 이커머스 실무자들에게도 유용한 정보를 담았다.

혼자서도 잘하는 SNS마케팅

최윤진 지음 | 19,500원

**소자본으로 매출 20배 올리는
현실적 마케팅 기술**

SNS에 대한 이해에서부터 온라인 유동인구와 플랫폼, 최신 검색 트렌드, 온라인 상권분석, 인스타그램으로 매출 올리는 법, 인플루언서 마케팅, 고객을 끌어들이는 카피 기법, 매달 1,000명의 고객을 모을 수 있는 방법, 매장 방문 고객을 평생 고객으로 만드는 방법까지 소상공인에게 꼭 필요한 온라인 마케팅 방법을 알려준다. 사진 한 장과 해시태그, 포스팅이 가지고 있는 힘을 경험하고 싶다면 이 책과 함께 매일 하루 30분만 투자하라. 당신의 가게 앞에 사람들이 줄을 설 것이다.

1등 온라인 쇼핑몰의 비밀

오완구 지음 | 14,300원

**온라인 쇼핑몰 시작하는 법부터
매출 2배 올리는 마케팅 전략까지**

이 책은 온라인 쇼핑몰을 창업하고 싶어하는 사람들을 위해 쇼핑몰을 시작하는 단계부터 오픈마켓, 소셜커머스, 스마트스토어 등 각 채널별 입점 전략 및 공략법, 고객의 시선을 끄는 상세 페이지 제작법, 히트 상품 소싱하기, 매출을 올리는 마케팅 전략 등을 다루고 있다. 뿐만 아니라 창업 자금 관리, 사업 초기 어려움을 극복하는 법 등 쇼핑몰을 창업하는 사람들이 가장 궁금해 하는 질문을 Q&A로 정리해 쉽게 이해할 수 있도록 알려준다. 실제 사례를 통해 1인 사업가 또는 실무 담당자가 다양하게 응용할 수 있는 실전 방법들을 담았다.